INTERMEDIATE Level I

Korean Listening for University Life

중급 I

대학 생활을 위한
한국어 듣기

연세대학교 한국어학당 편

연세대학교 대학출판문화원

대학 생활을 위한
한국어 듣기 (중급 I)

편저자 연세대학교 한국어학당 교재편찬위원회
집필진 한송화 · 강혜림 · 조인옥 · 박민진 · 박지원
펴낸곳 연세대학교 대학출판문화원

주소 서울시 서대문구 연세로 50
전화 02) 2123-3380~2
팩스 02) 2123-8673
ysup@yonsei.ac.kr
http://www.yonsei.ac.kr/press
등록 1955년 10월 13일 제9-60호
인쇄 (주)네오프린텍
삽화 문춘경 외
녹음 MS미디어
성우 윤미나 · 전광주

2012년 5월 25일 1판 1쇄
2019년 2월 27일 1판 5쇄
ISBN 978-89-7141-982-3 (08710)
978-89-7141-977-9 (세트)

값 22,000 원(CD포함)

머리말

국내 최고의 명성으로 한국어 교육의 50년 전통을 이어 온 연세대학교 언어연구교육원 한국어학당에서는 한국어 교육의 질을 높이기 위해 그동안 많은 교재를 편찬해 왔다. 최근 한국 내 대학, 대학원에서 수학하고 있거나 진학하고자 하는 외국인이 증가함에 따라 학문을 목적으로 하는 한국어 교재에 대한 학습자들의 요구가 높아지고 있다. 이에 따라 연세대학교 언어연구교육원 한국어학당에서는 대학 수학을 목적으로 하는 외국인 유학생들을 대상으로 한국어와 한국 문화를 교육할 수 있는 새로운 교재를 출간하게 되었다.

연세대학교 언어연구교육원 한국어학당에서 출간하는 이 교재는 대학 생활에 필요한 의사소통 기능을 집중적으로 향상시킬 수 있는『대학 생활을 위한 한국어』시리즈와 대학에서의 수학 능력을 집중적으로 향상시킬 수 있는『대학 강의 수강을 위한 한국어』시리즈로 되어 있다.『대학 생활을 위한 한국어』시리즈는 초급 학습자를 위한『대학 생활을 위한 한국어 초급』, 중급 학습자를 위한『대학 생활을 위한 한국어 중급 Ⅰ』,『대학 생활을 위한 한국어 중급 Ⅱ』로 되어 있으며,『대학 강의 수강을 위한 한국어』시리즈는 중급 학습자를 위한『대학 강의 수강을 위한 한국어 중급 Ⅰ』,『대학 강의 수강을 위한 한국어 중급 Ⅱ』, 그리고 고급 학습자를 위한『대학 강의 수강을 위한 한국어 고급』으로 되어 있다.

『대학 생활을 위한 한국어』시리즈는 한국어 학습 단계별로 요구되는 내용을 주제로 말하기, 듣기, 쓰기 능력을 향상시킬 수 있도록 다양한 과제와 활동으로 구성된 분리형 교재이다. 그리고『대학 강의 수강을 위한 한국어』시리즈는 대학 수학에서 요구되는 기능과 장르를 중심으로 말하기, 듣기, 쓰기, 읽기 능력을 향상시킬 수 있도록 실용적인 과제와 활동으로 구성된 분리형 교재이다. 이들 교재에서는 학습자들이 흥미를 가질 수 있는 주제와 상황을 기초로 여러 가지 의사소통 기능 및 전략을 배울 수 있도록 배려하였다.

『대학 생활을 위한 한국어』와『대학 강의 수강을 위한 한국어』가 연세대학교 언어연구교육원 한국어학당에서 공부하는 학생들뿐만 아니라 한국 내에서 대학, 대학원 수학을 목적으로 하고 있는 모든 한국어 학습자들에게 도움이 되기를 바란다.

연세대학교 언어연구교육원
한국어학당 교재편찬위원회

일러두기

- '대학 생활을 위한 한국어 듣기 (중급 I)'은 총 10개의 단원으로 이루어져 있고 뒤에 듣기 지문과 답안이 학습자를 위한 자료로서 붙어 있다.
- 각 단원은 두 개의 항으로 구성되며, 각 항에서는 제목과 함께 담화 형식 및 기능이 드러나도록 학습목표가 제시된다.
- 각 항은 모두 세 단계로 구성되며, 이는 **【준비해 봅시다】**, **【들어 봅시다】**, **【정리해 봅시다】**로 구성된다.
- **【준비해 봅시다】**는 도입 단계로서 항의 상황이나 주제를 도입할 수 있는 지문으로 구성된 담화를 듣는 활동으로 구성된다.

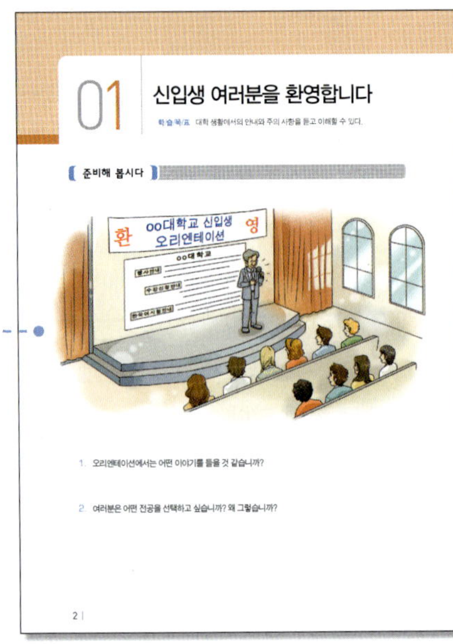
01 신입생 여러분을 환영합니다
준비해 봅시다

1. 오리엔테이션에서는 어떤 이야기를 들을 것 같습니까?
2. 여러분은 어떤 전공을 선택하고 싶습니까? 왜 그렇습니까?
2

항의 상황이나 주제와 관련된 자유로운 말하기 활동을 할 수 있는 삽화와 질문이 제시된다.

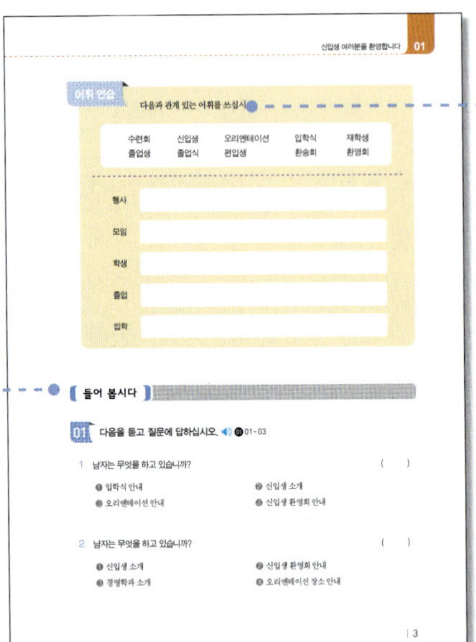
신입생 여러분을 환영합니다 01
어휘 연습
다음과 관계 있는 어휘를 쓰십시오.
수련회 신입생 오리엔테이션 입학식 재학생
졸업생 졸업식 편입생 환송회 환영회
행사
모임
학생
졸업
입학
들어 봅시다
01 다음을 듣고 질문에 답하십시오. 01-03
1. 남자는 무엇을 하고 있습니까? ( )
입학식 안내 / 신입생 소개 / 오리엔테이션 안내 / 신입생 환영회 안내
2. 남자는 무엇을 하고 있습니까? ( )
신입생 소개 / 신입생 환영회 안내 / 경영학과 소개 / 오리엔테이션 장소 안내
3

듣기 전에 필요한 어휘와 구를 확인하고 듣기의 이해를 돕기 위해 항의 상황이나 주제와 관련된 어휘 연습 활동이 제시된다.

- **【들어 봅시다】**는 총 3단계로 구성되며, 각 단계는 난이도와 길이에 있어서 각각 구분이 되도록 구성하였다.

【들어 봅시다】 01단계에서는 총 3개의 담화가 제시되며, 각 담화의 담화 상황이나 핵심 내용 파악 등 전체적 듣기 능력을 배양할 수 있도록 다양한 유형의 담화로 구성되며, 이를 확인할 수 있는 질문이 제시된다.

【들어 봅시다】 02단계에서는 총 5개의 담화가 제시되며, 5개의 담화는 주제와 관련된 다양한 유형의 담화로 구성된다. 그리고 각 담화 당 질문은 2-3개로 구성되며 질문 형식은 각 담화의 특성에 맞추어 다양하게 제시된다.

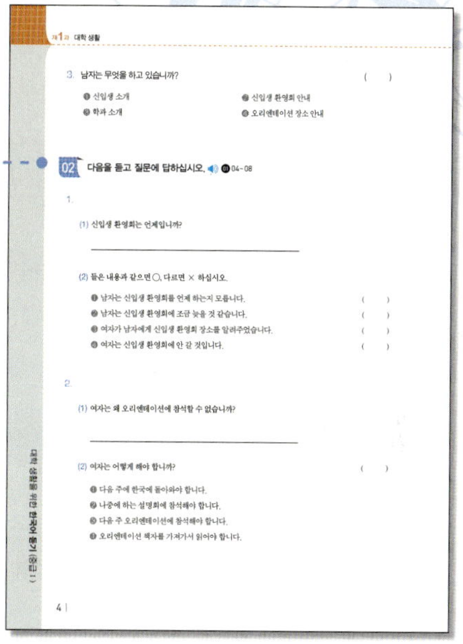

제1과 대학 생활

3. 남자는 무엇을 하고 있습니까? ( )

① 신입생 소개 ② 신입생 환영회 안내
③ 학과 소개 ④ 오리엔테이션 장소 안내

02 다음을 듣고 질문에 답하십시오. 01 04-08

1.

(1) 신입생 환영회는 언제입니까?

(2) 들은 내용과 같으면 ○, 다르면 × 하십시오.

① 남자는 신입생 환영회를 언제 하는지 모릅니다. ( )
② 남자는 신입생 환영회에 조금 늦을 것 같습니다. ( )
③ 여자가 남자에게 신입생 환영회 장소를 알려주었습니다. ( )
④ 여자는 신입생 환영회에 안 갈 것입니다. ( )

2.

(1) 여자는 왜 오리엔테이션에 참석할 수 없습니까?

(2) 여자는 어떻게 해야 합니까? ( )

① 다음 주에 한국에 돌아와야 합니다.
② 나중에 하는 설명회에 참석해야 합니다.
③ 다음 주 오리엔테이션에 참석해야 합니다.
④ 오리엔테이션 책자를 가져가서 읽어야 합니다.

대학 생활을 위한 한국어 듣기 (중급 1)

4 |

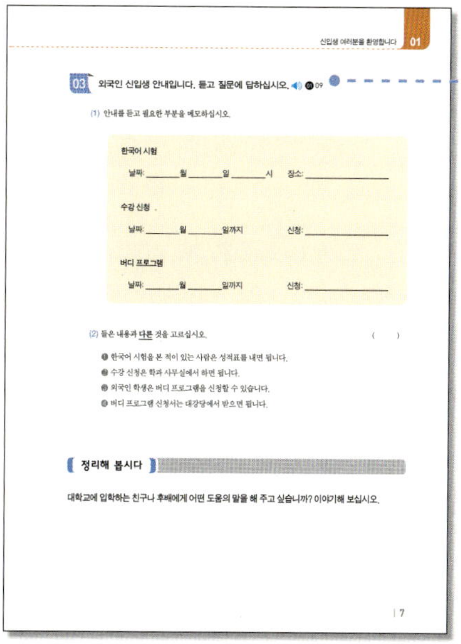

신입생 여러분을 환영합니다 01

03 외국인 신입생 안내입니다. 듣고 질문에 답하십시오. 01 09

(1) 안내를 듣고 필요한 부분을 메모하십시오.

한국어 시험

날짜: ____월 ____일 ____시 장소: ________

수강 신청

날짜: ____월 ____일까지 신청: ________

버디 프로그램

날짜: ____월 ____일까지 신청: ________

(2) 들은 내용과 다른 것을 고르십시오. ( )

① 한국어 시험을 본 적이 있는 사람은 성적표를 내면 됩니다.
② 수강 신청은 학과 사무실에서 하면 됩니다.
③ 외국인 학생은 버디 프로그램을 신청할 수 있습니다.
④ 버디 프로그램 신청서는 대강당에서 받으면 됩니다.

【정리해 봅시다】

대학교에 입학하는 친구나 후배에게 어떤 도움의 말을 해 주고 싶습니까? 이야기해 보십시오.

| 7

【들어 봅시다】 03단계는 듣기를 과제와 연결하여 듣고 메모하거나 정리, 비교하는 등 다양한 과제 활동을 할 수 있는 질문과 활동지가 제시된다.

- 【정리해 봅시다】 에서는 듣기를 통해 새로 알게 된 정보, 들은 내용과 관련한 지식, 자신의 경험과의 연계 등 듣기 활동을 정리하고 마무리한다.

차례

내용 구성

과	주제	제목	과제와 기능	어휘
1	대학 생활	신입생 여러분을 환영합니다	대학 안내 및 주의사항 듣기	대학 입학 관련 어휘
		대학 강의 듣기가 어때요?	대학 수업과 관련된 정보 듣기	대학 강의 관련 어휘
2	쇼핑	어떤 옷을 찾으세요?	쇼핑과 관련된 담화 듣기	쇼핑 관련 어휘
		받으실 분의 주소를 말씀해 주시겠어요?	홈쇼핑과 관련된 정보 듣기	주문 관련 어휘
3	유학 생활	노트북을 빌리고 싶은데 어떻게 하면 됩니까?	문의에 대한 답변 듣기	사무실 문의 관련 어휘
		음악 소리 좀 작게 해 줘	기숙사 생활과 관련된 대화 듣기	기숙사 시설 관련 어휘
4	여행	제주도로 엠티를 가기로 했어	여행과 관련된 담화 듣기	여행 관련 어휘 1
		엠티 답사를 왔는데요	여행지에 대한 정보 듣기	여행지 관련 어휘 2
5	학교 시설	반납일이 지나면 연체료를 내야 합니다	도서관 이용과 관련된 정보 듣기	도서관 이용 관련 어휘
		하루나 이틀이면 도착할 거예요	우체국 이용과 관련된 정보 듣기	우체국 이용 관련 어휘

과	주제	제목	과제와 기능	어휘
6	만남	학교 앞 횡단보도를 건너면 약국이 있어	약속하는 대화 듣기	만남과 약속 관련 어휘
		내일 저녁 모임이 취소됐어요	약속을 변경하는 대화 듣기	약속 취소 관련 어휘
7	일상생활	파마 좀 하려고 하는데요	편의시설 이용과 관련된 대화 듣기	편의시설 관련 어휘
		카드 분실 신고를 하려고 하는데요	분실 상황과 관련된 담화 듣기	분실물 관련 어휘
8	공공시설	오늘 처음 이 병원에 왔는데요	병원 이용과 관련된 담화 듣기	병원 관련 어휘
		전시물에 대한 설명을 듣고 싶어요	공공시설 이용과 관련된 담화 듣기	공공시설 관련 어휘
9	취미	활동적인 취미 생활을 해 보고 싶어요	취미 생활에 대한 대화 듣기	취미 생활 관련 어휘
		운동도 할 수 있는 여가 활동이 유행이에요	다양한 여가 활동에 대한 대화 듣기	여가 생활 관련 어휘
10	문화생활	잠시 후 공연이 시작되겠습니다	예매 및 공연 안내 듣기	대중문화 이용 관련 어휘
		그 장면에 아주 인상적이었어요	대중문화에 대한 대화 듣기	대중문화 감상 관련 어휘

제 1 과

대학 생활

01 신입생 여러분을 환영합니다
02 대학 강의 듣기가 어때요?

01 신입생 여러분을 환영합니다

학/습/목/표 대학 생활에서의 안내와 주의 사항을 듣고 이해할 수 있다.

준비해 봅시다

1. 오리엔테이션에서는 어떤 이야기를 들을 것 같습니까?

2. 여러분은 어떤 전공을 선택하고 싶습니까? 왜 그렇습니까?

어휘 연습

다음과 관계 있는 어휘를 쓰십시오.

수련회	신입생	오리엔테이션	입학식	재학생
졸업생	졸업식	편입생	환송회	환영회

행사	
모임	
학생	
졸업	
입학	

들어 봅시다

01 다음을 듣고 질문에 답하십시오. 01 01~03

1. 남자는 무엇을 하고 있습니까? ( )

❶ 입학식 안내 ❷ 신입생 소개
❸ 오리엔테이션 안내 ❹ 신입생 환영회 안내

2. 남자는 무엇을 하고 있습니까? ( )

❶ 신입생 소개 ❷ 신입생 환영회 안내
❸ 경영학과 소개 ❹ 오리엔테이션 장소 안내

3. 남자는 무엇을 하고 있습니까? ( )

❶ 신입생 소개
❷ 신입생 환영회 안내
❸ 학과 소개
❹ 오리엔테이션 장소 안내

02 다음을 듣고 질문에 답하십시오. 01 04~08

1.

(1) 신입생 환영회는 언제입니까?

____

(2) 들은 내용과 같으면 ○, 다르면 × 하십시오.

❶ 남자는 신입생 환영회를 언제 하는지 모릅니다. ( )
❷ 남자는 신입생 환영회에 조금 늦을 것 같습니다. ( )
❸ 여자가 남자에게 신입생 환영회 장소를 알려주었습니다. ( )
❹ 여자는 신입생 환영회에 안 갈 것입니다. ( )

2.

(1) 여자는 왜 오리엔테이션에 참석할 수 없습니까?

____

(2) 여자는 어떻게 해야 합니까? ( )

❶ 다음 주에 한국에 돌아와야 합니다.
❷ 나중에 하는 설명회에 참석해야 합니다.
❸ 다음 주 오리엔테이션에 참석해야 합니다.
❹ 오리엔테이션 책자를 가져가서 읽어야 합니다.

3.

(1) 그림을 보고 건물 이름을 써 넣으십시오.

대강당
학생회관
도서관
종합관

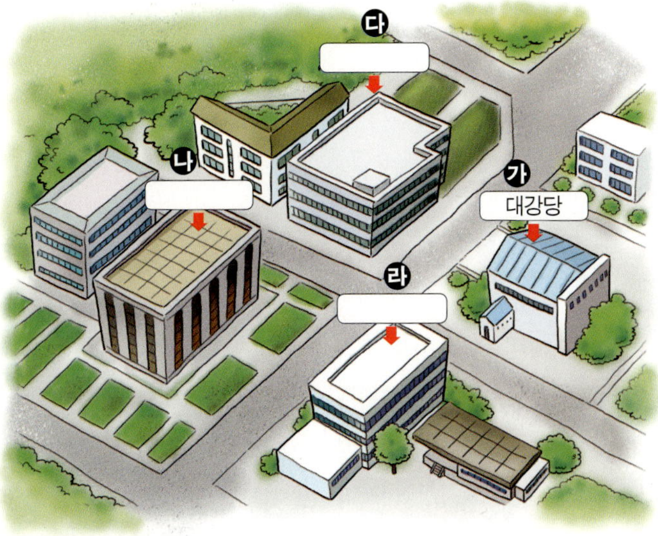

(2) 각 건물과 관계 있는 것을 골라 번호를 쓰십시오.

① 서점과 문방구가 있습니다.
② 책을 빌릴 수 있습니다.
③ 교양 영어 수업을 받습니다.
④ 오리엔테이션을 합니다.
⑤ 아침 7시부터 밤 12시까지 문을 엽니다.
⑥ 1학년 학생들이 강의를 듣습니다.

❶ 대강당 (　　)　　❷ 학생회관 (　　)
❸ 도서관 (　　,　　)　　❹ 종합관 (　　,　　)

4.

(1) 남자는 무엇을 하고 있습니까? (　　)

❶ 학교 행사 안내　　❷ 대학교 소개
❸ 학교 축제 안내　　❹ 오리엔테이션 안내

(2) 학교에서 하는 행사와 시기를 연결하십시오.

		• 음악회
5월 •		• 입학식
9월 •		• 운동 경기
10월 •		• 학교 축제
2월 •		• 오리엔테이션
		• 졸업식

5.

(1) 남자에 대한 설명으로 맞는 것을 고르십시오. (　　)

❶ 대학교에 처음 입학한 신입생입니다.
❷ 대학교에서 15년 넘게 강의를 했습니다.
❸ 대학교 다닐 때 열심히 공부했습니다.
❹ 대학교 다닐 때 여러 가지 경험을 했습니다.

(2) 남자가 말하는 이야기의 중심 내용은 무엇입니까? (　　)

❶ 대학에 입학한 것을 축하합니다.
❷ 요즘 대학생들은 열심히 공부합니다.
❸ 대학교 1학년 때 열심히 공부하십시오.
❹ 대학교 1학년 때 여러 가지 경험을 하십시오.

03 외국인 신입생 안내입니다. 듣고 질문에 답하십시오. 01 09

(1) 안내를 듣고 필요한 부분을 메모하십시오.

한국어 시험

날짜: ________ 월 ________ 일 ________ 시　　장소: ____________________

수강 신청

날짜: ________ 월 ________ 일까지　　신청: ____________________

버디 프로그램

날짜: ________ 월 ________ 일까지　　신청: ____________________

(2) 들은 내용과 **다른** 것을 고르십시오. (　　)

① 한국어 시험을 본 적이 있는 사람은 성적표를 내면 됩니다.
② 수강 신청은 학과 사무실에서 하면 됩니다.
③ 외국인 학생은 버디 프로그램을 신청할 수 있습니다.
④ 버디 프로그램 신청서는 대강당에서 받으면 됩니다.

정리해 봅시다

대학교에 입학하는 친구나 후배에게 어떤 도움의 말을 해 주고 싶습니까? 이야기해 보십시오.

02 대학 강의 듣기가 어때요?

학/습/목/표 대학 수업과 관련된 여러 가지 정보를 듣고 파악할 수 있다.

준비해 봅시다

1. 대학교 수업에서는 무엇을 합니까?

2. 대학교 수업에서는 무엇을 많이 했으면 좋겠습니까?

어휘 연습

대학교 수업에서 하는 다음의 일들이 얼마나 어렵습니까?

보고서를 쓰다	발표를 하다	강의를 듣다
전공 책을 읽다	토론을 하다	시험을 보다

	아주 어렵습니다.	조금 어렵습니다.	보통입니다.	조금 쉽습니다.	아주 쉽습니다.
보고서 쓰기					
발표 하기					
강의 듣기					
전공 책 읽기					
토론 하기					
시험 보기					

들어 봅시다

01 다음을 듣고 질문에 답하십시오. 01 11~13

1. 여자는 무엇을 걱정하고 있습니까? (   )

❶ 강의를 듣기가 어렵습니다.
❷ 전공 책을 읽기가 어렵습니다.
❸ 전공 보고서를 쓰기가 어렵습니다.
❹ 전공 발표를 하기가 어렵습니다.

2. 여자는 왜 교수님께 왔습니까? (   )

❶ 발표 자료를 빌리려고 왔습니다.
❷ 발표 점수를 물어보려고 왔습니다.
❸ 발표 날짜를 바꾸려고 왔습니다.
❹ 발표 주제를 바꾸려고 왔습니다.

3. 여자는 왜 교수님께 왔습니까? ( )

❶ 보고서 준비가 어려워서 왔습니다.
❷ 보고서를 못 낼 것 같아서 왔습니다.
❸ 보고서 쓰는 방법을 물어보려고 왔습니다.
❹ 보고서 쓸 때 필요한 책을 빌리려고 왔습니다.

02 다음을 듣고 질문에 답하십시오. 01 14~18

1.

(1) 남자의 고민은 무엇입니까? ( )

❶ 한국어를 잘하고 싶은데 한국어가 너무 어렵습니다.
❷ 한국어를 잘하고 싶은데 같이 연습할 친구가 없습니다.
❸ 한국어를 열심히 공부하는데 한국어를 잘 할 수 없습니다.
❹ 한국의 영화나 텔레비전을 보고 듣는 것이 어렵습니다.

(2) 여자는 남자에게 어떻게 충고하고 있습니까? 말하지 **않은** 것을 고르십시오. ( )

❶ 한국어 연습을 많이 해야 합니다.
❷ 한국 친구를 만나서 많이 연습해야 합니다.
❸ 한국 영화나 텔레비전을 봐야 합니다.
❹ 전공 공부를 열심히 해야 합니다.

2.

(1) 여자는 왜 교수님께 왔습니까? ( )

❶ 보고서를 내려고 왔습니다.
❷ 시험 점수를 알고 싶어서 왔습니다.
❸ 지난 시간에 결석했기 때문에 왔습니다.
❹ 성적이 나쁜 이유를 알고 싶어서 왔습니다.

(2) 다음 중 성적에 들어가지 <u>않는</u> 것은 무엇입니까? ( )

❶ 시험 점수 ❷ 출석 점수 ❸ 발표 점수 ❹ 보고서 점수

3.

(1) 남자는 왜 학생을 불렀습니까? ( )

❶ 학생이 발표를 잘 못해서 불렀습니다.
❷ 학생이 한국어를 잘 못해서 불렀습니다.
❸ 학생의 발표 주제를 바꾸려고 불렀습니다.
❹ 학생을 말하기 대회에 참가시키려고 불렀습니다.

(2) 말하기 대회에 참가하려면 어떻게 해야 합니까? 모두 고르십시오. (, ,)

❶ 홈페이지에서 신청을 합니다.
❷ 신청서를 우편으로 보냅니다.
❸ 추천서를 우편으로 보냅니다.
❹ 성적표를 우편으로 보냅니다.
❺ 발표 원고를 우편으로 보냅니다.

4.

(1) 들은 내용으로 알 수 있는 것을 고르십시오. ( )

❶ 두 사람은 같은 수업을 들은 적이 있습니다.
❷ 두 사람은 같은 학과의 친한 친구입니다.
❸ 두 사람은 한국 문학을 전공하고 있습니다.
❹ 두 사람은 문학에 대한 생각이 다릅니다.

(2) 남자는 왜 한국 문학 강의를 들으려고 합니까? ( )

❶ 중국 문학과 비교하려고 듣습니다.
❷ 한국 문학을 전공하려고 듣습니다.
❸ 전공을 한국 문학으로 바꾸려고 듣습니다.
❹ 한국 문학작품을 읽어 보려고 듣습니다.

5.

(1) 여자는 무엇 때문에 걱정합니까? ( )

❶ 보고서 파일이 없어졌습니다.
❷ 집에 컴퓨터가 없습니다.
❸ 컴퓨터 사용 방법을 모릅니다.
❹ 한국어로 보고서를 쓰지 못합니다.

(2) 여자는 무엇을 해야 합니까? ( )

❶ 컴퓨터 사용 방법을 배워야 합니다.
❷ 잃어버린 USB를 찾아야 합니다.
❸ 컴퓨터 서비스센터에 가야 합니다.
❹ 분실물 센터에 가야 합니다.

03 다음을 듣고 두 사람의 공부 방법을 비교해 보십시오. 01 19

(1) 두 사람의 단어를 공부하는 방법이 어떻게 다릅니까? 번호를 써 넣으십시오.

① 한국어와 소리가 비슷한 중국어 단어를 연결해서 외웁니다.
② 그림을 그려서 외웁니다.
③ 공책에 여러 번 쓰고 외웁니다.
④ 집안 여기저기 단어 카드를 붙입니다.
⑤ 단어가 들어간 문장을 만듭니다.
⑥ 단어가 들어간 문장을 찾아서 봅니다.

	여자	남자
단어를 외우는 방법		
단어를 정확하게 쓰는 방법		

(2) 여기에서 말한 방법 중 여러분은 어떤 방법을 사용합니까? 또 단어를 외우는 더 좋은 방법이 있습니까?

정리해 봅시다

어떻게 하면 대학교 수업을 잘 들을 수 있겠습니까? 이야기해 보십시오.

제2과

쇼핑

01 어떤 옷을 찾으세요?

02 받으실 분의 주소를 말씀해 주시겠어요?

01 어떤 옷을 찾으세요?

학/습/목/표 물건 사는 내용을 듣고 이해할 수 있다.

준비해 봅시다

1. 가게에 가면 어떤 말을 듣습니까?

2. 여러분은 최근에 어디에서 무슨 물건을 샀습니까?

어휘 연습

관계 있는 것을 연결하십시오.

단골 •	• 여기에서 물건을 팝니다.
매장 •	• 저는 자주 이 가게에서 물건을 삽니다.
사은품 •	• 백화점보다 오래 문을 열고 값도 쌉니다.
할인매장 •	• 5만 원 이상 물건을 사니까 커피잔을 주었습니다.
고객센터 •	• 산 물건이 깨져 있어서 여기에 문의하러 왔습니다.

들어 봅시다

01 다음을 듣고 질문에 답하십시오. ⓶ 01~03

1. 여자는 어떻게 하겠습니까? (　　)

❶ 이곳에서 바지를 살 것입니다.
❷ 파란색 바지를 살 것입니다.
❸ 다른 디자인의 바지를 살 것입니다.
❹ 다른 가게에 가 볼 것입니다.

2. 남자는 무엇을 질문했습니까? (　　)

❶ 만두의 맛
❷ 만두의 양
❸ 만두의 가격
❹ 만두의 재료

3. 남자는 오늘 가게에서 무엇을 했습니까? (　　)

❶ 돈을 받았습니다.
❷ 셔츠를 두 벌 샀습니다.
❸ 다른 옷으로 바꾸었습니다.
❹ 작은 옷으로 바꾸었습니다.

02 다음을 듣고 질문에 답하십시오. ⓶ 04~08

1.

(1) 여자는 돈을 얼마 내겠습니까? ____________ 원

(2) 들은 내용과 같으면 ○, 다르면 × 하십시오.

❶ 이곳은 열쇠 가게입니다. ( )
❷ 여자는 전에 산 것을 바꾸러 왔습니다. ( )
❸ 여자는 똑같은 물건을 두 개 살 것입니다. ( )
❹ 이 가게에서는 물건을 할인해서 팔고 있습니다. ( )

2.

(1) 남자가 여자에게 서비스로 준 것은 무엇입니까? 쓰십시오.

____

(2) 들은 내용과 같은 것을 고르십시오. ( )

❶ 남자는 값을 깎아 주었습니다.
❷ 남자는 여자를 기억하지 못했습니다.
❸ 여자는 오늘 토마토와 사과를 샀습니다.
❹ 여자는 전에 남자한테서 과일을 산 적이 있습니다.

3.

(1) 남자는 무엇에 대해 이야기하고 있습니까? ( )

❶ 동대문 시장의 위치
❷ 동대문 시장의 옷의 종류
❸ 동대문 시장의 재미있는 점
❹ 동대문 시장과 남대문 시장의 비교

(2) 들은 내용과 **다른** 것을 고르십시오. ( )

❶ 두 사람은 밤에 동대문 시장에 갈 것입니다.
❷ 여자는 밤에 음식을 사 먹은 적이 있습니다.
❸ 여자는 남대문 시장에 가 본 적이 있습니다.
❹ 동대문 시장은 젊은 사람들이 많이 옵니다.

4.

(1) 이 백화점에서 오늘 할인하는 것을 두 개 고르십시오. (,)

❶ 
❷ 
❸ 
❹ 

(2) 들은 내용과 같으면 ○, 다르면 × 하십시오.

❶ 5층에 가면 아이들은 기념품을 받을 수 있습니다. ( )
❷ 해산물을 싸게 사려면 오후 5시까지 가야 합니다. ( )
❸ 아동복 매장에서는 전 제품을 50% 싸게 살 수 있습니다. ( )

5.

(1) 여자가 사은품을 받으려면 어떻게 해야 합니까?

____________으로/로 가서 ____________을/를 보여 줍니다.

(2) 들은 내용과 같으면 ○, 다르면 × 하십시오.

❶ 사은품은 가방입니다. ( )
❷ 물건 값은 모두 7만 원입니다. ( )
❸ 여자는 물건을 사고 카드로 계산을 했습니다. ( )
❹ 여자는 미리 쇼핑 가방을 준비해 왔습니다. ( )

03 다음은 백화점 안내방송입니다. 듣고 빈 칸을 채우십시오. 02 09

층	매장 이름	행사 내용
3층	스포츠 매장	
2층		작년 ____________을/를 반값으로 할인
1층		
지하	식품 매장	채소와 과일을 하나 사면 하나 더 줌.
※ 백화점 문 닫는 시간 : ________ 시		

정리해 봅시다

여러분은 쇼핑을 얼마나 자주 합니까? 쇼핑할 때 어떤 곳을 자주 이용합니까? 이야기해 보십시오.

02 받으실 분의 주소를 말씀해 주시겠어요?

학/습/목/표 물건을 주문하는 내용을 듣고 이해할 수 있다.

준비해 봅시다

1. 물건을 주문할 때 어떤 이야기를 듣습니까?

2. 여러분은 전화로 물건을 주문한 적이 있습니까?

어휘 연습

다음과 관계 있는 어휘를 쓰십시오.

주문하다　　배달하다　　택배　　홈쇼핑　　인터넷 쇼핑

(홈쇼핑)

(　　　　)

(　　　　)

(　　　　)

(　　　　)

들어 봅시다

01 다음을 듣고 질문에 답하십시오. 02 11~13

1. 여자는 왜 전화했습니까? (　　)

❶ 메뉴를 물어보려고　　❷ 값을 물어보려고
❸ 주소를 말해 주려고　　❹ 주문을 바꾸려고

2. 남자는 어떻게 하겠습니까? (　　)

❶ 물건을 문 앞에 놓고 갑니다.　　❷ 물건을 관리실에 맡깁니다.
❸ 여자가 올 때까지 기다립니다.　　❹ 내일 다시 물건을 가지고 옵니다.

3. 남자가 배달 받을 음식을 쓰십시오.

자장면 곱빼기 둘, ______________________, ______________________, 음료수

02 다음을 듣고 질문에 답하십시오. 02 14~18

1.

(1) 남자가 전화를 건 곳은 어디입니까? ( )

❶ 제과점 ❷ 꽃 가게 ❸ 택배 회사 ❹ 와인 가게

(2) 들은 내용과 같은 것을 고르십시오. ( )

❶ 남자의 생일은 내일입니다.
❷ 남자는 직접 물건을 사 가지고 갈 것입니다.
❸ 오늘 주문하면 내일 물건을 받을 수 있습니다.
❹ 케이크를 주문하면 와인을 서비스로 받을 수 있습니다.

2.

(1) 이 이야기에서 소개하는 물건을 고르십시오. ( )

❶

❷

❸
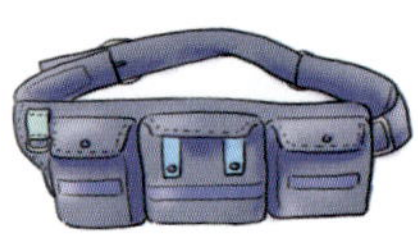
❹

(2) 이 물건에 대한 설명으로 맞는 것을 고르십시오. (　　)

❶ 가벼워서 사용하기가 편합니다.
❷ 허리에 차고 다닐 수 있습니다.
❸ 지금 사면 20만 원에 살 수 있습니다.
❹ 네 가지 색깔이 있고 디자인이 예쁩니다.

3.

(1) 남자는 몇 사이즈의 신발을 사겠습니까?

________________mm

(2) 들은 내용과 같으면 ○, 다르면 × 하십시오.

❶ 남자는 인터넷 쇼핑을 하고 있습니다. (　　)
❷ 남자는 텔레비전 방송이 끝난 후 전화를 하고 있습니다. (　　)
❸ 물건을 산 후 일주일이 지나면 바꿀 수 없습니다. (　　)

4.

(1) 남자는 왜 전화했습니까? (　　)

❶ 물건 사용 방법을 몰라서
❷ 주문한 물건이 잘못 와서
❸ 주문하는 방법을 물어보려고
❹ 택배 기사 전화번호를 물어보려고

(2) 남자는 어떻게 해야 합니까? (　　)

❶ 다시 주문해야 합니다.
❷ 홈쇼핑 회사에 찾아가야 합니다.
❸ 택배 기사에게 전화해야 합니다.
❹ 내일 택배 기사에게 물건을 전해 줘야 합니다.

5.

(1) 남자가 산 물건은 무엇입니까?

____

(2) 들은 내용과 같으면 ○, 다르면 × 하십시오.

❶ 남자는 물건을 바꾸려고 합니다. (　　)
❷ 남자는 주문을 취소하려고 전화했습니다. (　　)
❸ 남자는 주문을 확인하려고 전화했습니다. (　　)
❹ 남자는 인터넷을 이용하면서 전화를 하고 있습니다. (　　)

03 다음을 듣고 이 남자의 인터넷 쇼핑 회원가입 방법을 순서대로 쓰십시오. 02 19

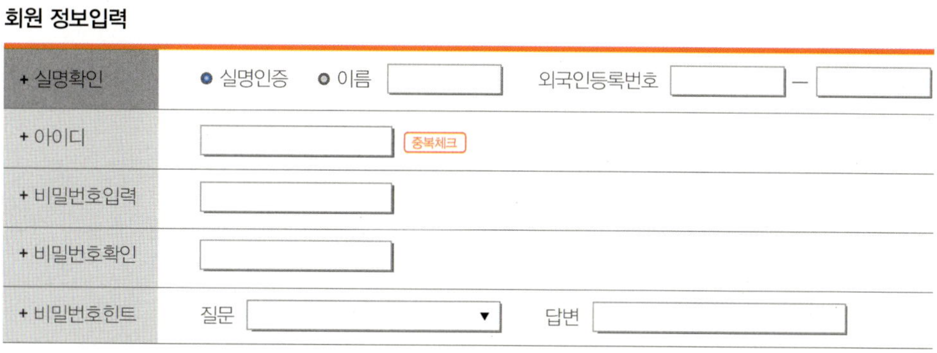

(가) '외국인 회원' 가입 버튼을 누릅니다.

(나) '일반 회원' 가입과 '외국인 회원' 가입 창이 나옵니다.

(다) 회원 정보를 입력합니다.

(라) 홈페이지 아래에 있는 회원가입 버튼을 누릅니다.

순서: (라) ➡ ____________ ➡ ____________ ➡ ____________

정리해 봅시다

여러분은 홈쇼핑이나 인터넷 쇼핑을 이용해 본 적이 있습니까? 이야기해 보십시오.

제3과

유학 생활

01 노트북을 빌리고 싶은데 어떻게 하면 됩니까?

학/습/목/표 사무실에서 주고받는 대화를 듣고 내용을 이해할 수 있다.

준비해 봅시다

1. 사무실에 가서 궁금한 것을 질문한 적이 있습니까?

2. 사무실에 가서 필요한 것을 이야기할 때 어떻게 이야기합니까?

어휘 연습

알맞은 어휘를 골라 빈 칸에 쓰십시오.

안내문	접수	응시료	게시판	신청서

(1) 자세한 내용은 사무실 앞의 (게시판)을/를 보고 확인하세요.

(2) 이번에 시험을 보려고 하는데, ( )은/는 얼마입니까?

(3) 사무실에 와서 ( )을/를 써 주세요.

(4) 이 ( )을/를 보시면 신청 방법이 자세히 나와 있습니다.

(5) ( )은/는 어디에서 할 수 있습니까?

들어 봅시다

01 다음을 듣고 질문에 답하십시오. 03 01~03

1. 남자가 알고 싶은 것은 무엇입니까? 두 개 고르십시오. (,)

❶ 노트북을 어떻게 빌립니까?
❷ 신청서가 어디에 있습니까?
❸ 노트북을 어디에서 빌립니까?
❹ 노트북을 언제까지 사용할 수 있습니까?

2. 여자는 왜 전화를 했습니까? ( )

❶ 과사무실에서 일을 하고 싶어서
❷ 사무실 위치를 알고 싶어서
❸ 아르바이트에 대해 알아보고 싶어서
❹ 학교 홈페이지 게시판을 보고 싶어서

3. 여자는 무엇을 해야 합니까? (　　)

❶ 329호로 갑니다.
❷ 내일까지 기다립니다.
❸ 아저씨를 찾아 갑니다.
❹ 전원을 뽑고 기다립니다.

02 다음을 듣고 질문에 답하십시오. ⓪③ 04~08

1.

(1) 남자는 사무실에 왜 전화를 했습니까?

____

(2) 들은 내용과 같은 것을 고르십시오. (　　)

❶ 남자는 신문 광고를 보고 전화했습니다.
❷ 남자는 내일 사무실에 갈 것 같습니다.
❸ 남자는 자기소개서를 이메일로 보낼 것입니다.
❹ 남자는 한국말과 중국말로 자기소개서를 준비해야 합니다.

2.

(1) 여자는 무엇을 하고 싶어합니까? 두 가지를 쓰십시오.

______________________, ______________________

(2) 들은 내용과 같으면 ○, 다르면 × 하십시오.

❶ 세탁실은 1층에 있습니다. (　　)
❷ 세탁실에 세제는 없습니다. (　　)
❸ 세탁실을 이용할 때 동전이 필요합니다. (　　)
❹ 세탁실 옆에 있는 방에서 다리미를 사용할 수 있습니다. (　　)

3.

(1) 여자가 남자에게 질문한 내용은 무엇입니까? (　　)

❶ 학교 체육관에 어떻게 갑니까?
❷ 체육관 예약을 어떻게 합니까?
❸ 탁구채를 어디에서 빌릴 수 있습니까?
❹ 학교 체육관에서 탁구를 치려면 어떻게 해야 합니까?

(2) 들은 내용과 같으면 ○, 다르면 × 하십시오.

❶ 탁구를 치려면 사용료를 내야 합니다. (　　)
❷ 여자는 탁구채를 빌려서 사용할 것입니다. (　　)
❸ 여자는 지금 탁구를 칠 수 없어서 예약을 했습니다. (　　)

4.

(1) 여자는 남자를 왜 찾아갔습니까?

____

(2) 들은 내용과 같으면 ○, 다르면 × 하십시오.

❶ 110호는 다음 주부터 사용할 수 있습니다. ( )
❷ 529호에서는 컴퓨터를 사용할 수 없습니다. ( )
❸ 여자는 매주 수요일에 사용할 수 있는 교실을 찾고 있습니다. ( )

5.

(1) 여자는 남자에게 왜 전화를 했습니까?

____

(2) 다음 중 들은 내용과 같은 것을 고르십시오. ( )

❶ 남자는 휴게실을 만들기 위해 회의를 시작할 것입니다.
❷ 여자는 다음 학기에 도서관에서 휴게실을 이용할 수 있습니다.
❸ 도서관에 여학생 휴게실이 있지만 요즘은 문을 열지 않습니다.
❹ 남자는 회의를 해서 결정된 내용을 여자에게 전화로 알려줄 것입니다.

03 다음을 듣고 질문에 답하십시오. 03 09

(1) 들은 내용과 같으면 ○, 다르면 × 하십시오.

❶ 여자는 9월에 시험을 볼 수 있습니다. ( )
❷ 여자는 말하기 시험도 봅니다. ( )
❸ 8월에도 시험 신청을 할 수 있습니다. ( )

(2) 내용을 듣고 메모하십시오.

한국어능력시험

- 응시 자격: 한국어 공부를 하고 있는 모든 외국인
- 시험 응시료: ________________ 원
- 시험 접수 방법 : ________________
- 시험 접수 기간 : ________________ 부터 7월 14일 까지
- ________ : 시험이 끝난 후 집으로 보내 드립니다.

정리해 봅시다

여러분은 학교 사무실에 간 적이 있습니까? 사무실에서 있었던 일에 대해서 함께 이야기해 봅시다.

02 음악 소리 좀 작게 해 줘

학/습/목/표 기숙사 내에서 일어나는 문제 상황에 관한 내용을 듣고 이해할 수 있다.

준비해 봅시다

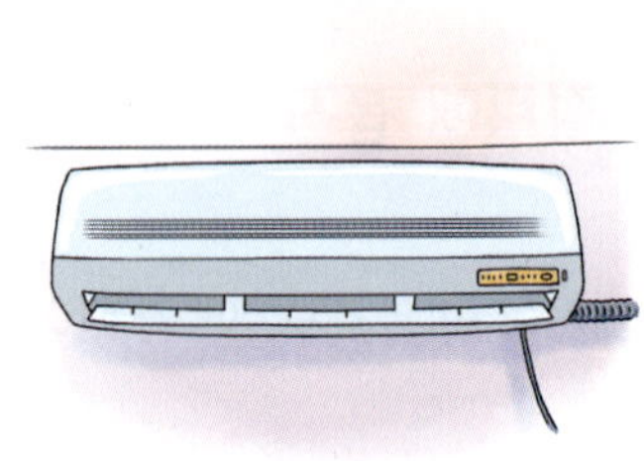

1. 기숙사에서 생활할 때 어디에서 문제가 가장 많이 생깁니까?

2. 어떤 문제들입니까? 그럴 때 어떻게 해결합니까?

어휘 연습

기숙사에서 자주 생기는 문제들입니다. 어디에서 이런 문제들이 자주 생깁니까? 맞게 연결해 보십시오.

- 인터넷이 안 됩니다. •
- 뜨거운 물이 안 나옵니다. •
- 히터/에어컨이 안 나옵니다. •
- 샤워기가 고장 났습니다. • —— • 샤워실
- 물이 안 내려갑니다. •
- 불이 안 켜집니다. •

- • 기숙사 방
- • 컴퓨터실
- • 샤워실
- • 세탁실

들어 봅시다

01 다음을 듣고 질문에 답하십시오. 03 11~13

1. 웨이는 왜 피곤해 보입니까? (　　)

   ① 아침에 일찍 일어나서
   ② 커피를 안 마셔서
   ③ 잠을 안 자서
   ④ 아침 일찍 학교에 가서

2. 지금 어떤 문제가 생겼습니까? (　　)

❶ 컴퓨터실에 사람이 너무 많습니다.
❷ 저녁 시간에는 인터넷을 사용할 수 없습니다.
❸ 밍밍이의 방 컴퓨터가 고장이 났습니다.
❹ 기숙사 방에서 인터넷이 잘 안 됩니다.

3. 웨이는 왜 아래층 영수의 방에 갔습니까? (　　)

❶ 웨이 방에서 담배 냄새가 나서
❷ 웨이 방 베란다에 문제가 생겨서
❸ 아래층 방 베란다에 문제가 생겨서
❹ 아래층 영수가 웨이 방에서 담배를 피워서

02 다음을 듣고 질문에 답하십시오. ⓷ 14~18

1.

(1) 여자는 무엇 때문에 감기에 걸린 것 같습니까? (　　)

❶ 옷을 두껍게 입어서
❷ 날씨가 너무 추워져서
❸ 방 에어컨에 문제가 생겨서
❹ 관리실에 바로 가지 않아서

(2) 들은 내용과 같으면 ○, 다르면 × 하십시오.

❶ 여자는 이런 문제가 자주 있었습니다. (　　)
❷ 남자도 어제 여자와 같은 문제가 있었습니다. (　　)
❸ 여자는 관리실에 바로 가서 말할 것입니다. (　　)
❹ 전화나 이메일로는 문제를 해결할 수 없습니다. (　　)

2.

(1) 여자는 오늘 저녁에 무슨 일을 하겠습니까? (   )

❶ 남자의 소포를 엠티 장소로 보낼 것입니다.
❷ 남자의 소포를 받아서 방에 둘 것입니다.
❸ 남자의 소포를 받아서 냉장고에 넣을 것입니다.
❹ 남자의 소포를 남자의 고향에 보낼 것입니다.

(2) 들은 내용과 같으면 ○, 다르면 × 하십시오.

❶ 여자와 남자는 전공이 다릅니다. (   )
❷ 남자도 어제 여자와 같은 문제가 있었습니다. (   )
❸ 여자는 오늘 저녁에 기숙사에 있을 것입니다. (   )
❹ 남자는 수업이 많아서 걱정을 하고 있습니다. (   )

3.

(1) 들은 내용과 같은 것은 무엇입니까? (   )

❶ 웨이는 샤워를 하지 못했습니다.
❷ 영수는 운동을 하고 싶어합니다.
❸ 영수와 웨이는 기숙사 2동에 삽니다.
❹ 영수는 기숙사 게시판을 보지 못했습니다.

(2) 들은 내용과 같은 〈알림〉 게시판은 무엇입니까? (   )

❶

〈알림〉

27일 샤워실 청소로 기숙사에 물이 나오지 않습니다.

- 오전 8:00~12:00 1동
- 오후 12:00~17:00 2동

❷

〈알림〉

27일 물탱크 청소로 기숙사에 물이 나오지 않습니다.

- 오전 8:00~12:00 1동
- 오후 12:00~17:00 2동

❸

〈알림〉

27일 물탱크 청소로 기숙사에 찬물이 나오지 않습니다.

- 오전 8:00~12:00 2동
- 오후 12:00~17:00 1동

4.

(1) 여자에게 어떤 문제가 생겼습니까? (   )

❶ 여자의 방이 너무 덥습니다.
❷ 여자 방의 냉장고에 문제가 있습니다.
❸ 냉장고에 있는 음식이 자주 없어집니다.
❹ 냉장고에 음식 넣는 것을 자주 잊어버립니다.

(2) 여자는 다음부터 냉장고를 사용할 때 어떻게 하겠습니까? 쓰십시오.

5.

(1) 기숙사 방 친구 리에와 밍밍이가 이번 학기에 할 일들을 연결해 보십시오.

❶ 리에 •
❷ 밍밍 •

• 평일 방청소
• 쓰레기봉투 사 오기
• 토요일 방청소
• 쓰레기 버리기

(2) 밍밍이에 대한 내용과 같으면 ○, 다르면 × 하십시오.

❶ 평일에는 매점에서 아르바이트를 합니다. (   )
❷ 지난 학기에는 아르바이트를 하지 않았습니다. (   )
❸ 이번 학기에는 저녁에 아르바이트가 없어서 한가합니다. (   )
❹ 토요일에는 아르바이트를 하지 않고 동아리 모임에 갑니다. (   )

03 두 사람의 대화를 듣고 질문에 답하십시오. 03 19

1. 여자는 왜 이번 주에 기숙사 식당에 오지 않았습니까? ( )

❶ 이번 주 식단의 음식이 짜고 매워서
❷ 기숙사 식당의 음식 양이 너무 적어서
❸ 이번 주 식단 중에서 안 먹는 음식이 있어서
❹ 이번 주에는 다른 식당에서 먹어 보고 싶어서

2. 남자와 여자는 기숙사 식당에 대해서 어떻게 생각하고 있습니까?

기숙사 식당의 좋은 점	바뀌었으면 하는 점

정리해 봅시다

여러분은 기숙사에서 생활할 때 어떤 문제가 자주 생깁니까? 이야기해 보십시오.

제4과

여행

01 제주도로 엠티를 가기로 했어

학/습/목/표 여행과 관련된 내용을 듣고 이해할 수 있다.

준비해 봅시다

1. 여러분은 어디로 엠티를 가고 싶습니까?

2. 엠티를 가면 무엇을 할 것 같습니까?

어휘 연습

관계 있는 것을 연결하십시오.

장소 •	• 1박 2일, 2박 3일
기간 •	• 교통비, 숙박비
교통편 •	• 설악산, 제주도, 부산
경비 •	• 호텔, 민박, 펜션
숙박 시설 •	• 버스, 비행기, 기차

들어 봅시다

01 다음을 듣고 질문에 답하십시오. 04 01~03

1. 남자는 무엇을 하고 있습니까? ( )

❶ 경영학과 회장 소개
❷ 신입생 환영 인사
❸ 경영학과 엠티 안내
❹ 경영학과 엠티 일정 발표

2. 여자는 무엇을 알고 싶어합니까? ( )

❶ 엠티를 왜 갑니까?
❷ 엠티를 어디로 갑니까?
❸ 엠티를 가서 무엇을 합니까?
❹ 엠티가 무엇입니까?

3. 남자는 왜 설악산으로 엠티를 가고 싶어합니까? ( )

❶ 등산을 좋아해서
❷ 바다에 가고 싶어서
❸ 거리가 멀지 않아서
❹ 날씨가 시원해서

설악산 - 비선대

속초 - 대포항

02 다음을 듣고 질문에 답하십시오. 04 04~08

1.

(1) 여자는 왜 엠티를 못 갑니까? ( )

❶ 발표 순서가 바뀌어서
❷ 발표 준비를 해야 하기 때문에
❸ 금요일에 발표를 해야 해서
❹ 친구들이 부탁을 했기 때문에

(2) 들은 내용과 같으면 ○, 다르면 × 하십시오.

❶ 여자는 엠티를 가고 싶어합니다. ( )
❷ 여자는 친구에게 발표 준비를 부탁했습니다. ( )
❸ 여자는 발표 순서를 바꿀 수 있었습니다. ( )

2.

(1) 제주도에 갈 때 이용할 수 있는 교통편 두 가지를 쓰십시오.

❶ ____________ 에서 ____________ 으로/로 갈 수 있습니다.
❷ ____________ 에서 ____________ 으로/로 갈 수 있습니다.

(2) 들은 내용과 **다른** 것을 고르십시오. ( )

❶ 여자는 제주도로 동아리 엠티를 가겠습니다.
❷ 여자는 기말 시험 후에 엠티를 가겠습니다.
❸ 제주도는 비행기로 가면 1시간밖에 안 걸립니다.
❹ 제주도에 배로 가면 시간이 너무 많이 걸립니다.

3.

(1) 두 사람은 지금 무엇에 대해 이야기하고 있습니까? 쓰십시오.

____

(2) 들은 내용과 같으면 ○, 다르면 × 하십시오.

❶ 남자는 엠티를 1박 2일 동안 가고 싶어합니다. ( )
❷ 여자와 남자의 생각이 달라서 결정을 하지 못했습니다. ( )
❸ 엠티 장소는 다음에 정하기로 했습니다. ( )

4.

(1) 남자가 알아본 펜션은 어떻습니까? 두 개 고르십시오. (,)

❶ 방이 넓습니다.
❷ 시설이 좋습니다.
❸ 버스 정류장에서 가깝습니다.
❹ 시설이 나쁩니다.

3. 남자는 무엇을 알아보면 됩니까? 모두 고르십시오. (, ,)

① 교통편
② 유명한 관광지
③ 숙박시설
④ 여행 일정

02 다음을 듣고 질문에 답하십시오. 04 14~18

1.

(1) 속초 고속버스 터미널에서 설악산에 가려면 어디에서 무엇을 타야 합니까? 쓰십시오.

____

(2) 들은 내용과 **다른** 것을 고르십시오. ( )

① 밤 10시 이전에는 설악산에 가는 버스가 있습니다.
② 설악산으로 가는 버스는 한 대밖에 없습니다.
③ 설악산으로 가는 버스는 20분마다 옵니다.
④ 설악산까지 20분 정도 걸립니다.

2.

(1) 5인실과 8인실은 무엇이 같습니까? ( )

① 부엌 시설
② 숙박비
③ 화장실 수
④ 숙박 인원

(2) 이 콘도에 대한 설명으로 맞지 **않는** 것을 고르십시오. ( )

① 8인실은 5인실보다 3만 원 더 비쌉니다.
② 다섯 명 이상 묵으면 안 됩니다.
③ 콘도 안에서 음식을 해 먹을 수 있습니다.
④ 주말과 주중의 숙박비가 다릅니다.

3.

(1) 남자는 왜 여기에 왔습니까? ( )

❶ 친구들과 식사하러
❷ 식당을 예약하러
❸ 식당을 알아보러
❹ 음식을 미리 주문하러

(2) 들은 내용과 같으면 ○, 다르면 × 하십시오.

❶ 돌솥비빔밥과 된장찌개가 인기 있는 음식입니다. ( )
❷ 많은 사람이 앉을 수 있는 큰 방이 있습니다. ( )
❸ 미리 음식을 예약하지 않으면 식사를 할 수 없습니다. ( )

4.

(1) 남자가 알고 싶어하는 것이 **아닌** 것을 고르십시오. ( )

❶ 어떻게 하면 케이블카를 기다리지 않고 탈 수 있습니까?
❷ 겨울철에는 케이블카가 몇 시에 시작합니까?
❸ 케이블카를 기다리는 사람이 항상 많습니까?
❹ 케이블카 운행 시간은 어떻게 됩니까?

(2) 들은 내용과 같은 것을 고르십시오. ( )

❶ 남자는 오늘 케이블카를 타겠습니다.
❷ 겨울철 케이블카 운행 시간은 오전 8시 반부터입니다.
❸ 요즘은 겨울철이어서 케이블카를 타려면 한참 기다려야 합니다.
❹ 오후 늦게 가면 케이블카를 기다리지 않고 탈 수 있습니다.

5.

(1) 남자는 무엇을 알고 싶어합니까? 세 가지를 쓰십시오.

❶ 경주에서 어느 유적지가 가장 유명한지 알고 싶어합니다.

❷ ______________________________

❸ ______________________________

(2) 들은 내용과 같은 것을 고르십시오. (　　)

❶ 석굴암에 가려면 불국사에서 순환버스로 갈아탑니다.
❷ 시내에서 불국사까지 걸어서 1시간 반 정도 걸립니다.
❸ 석굴암까지 가는 버스는 없습니다.
❹ 시내버스를 타면 석굴암까지 갑니다.

불국사

석굴암

03 다음은 엠티 장소의 특징과 단점에 대한 이야기입니다. 듣고 질문에 답하십시오. 04 19

(1) 특징과 단점을 표로 정리해 보십시오.

	특징	단점
경주	• 시내 전체가 유적지	•
	•	•
	•	•
제주도	•	•
	•	•
	•	•

(2) 여러분은 여행을 간다면 두 장소 중에서 어디로 가겠습니까?

정리해 봅시다

여러분은 여행을 갈 때 어떤 것을 중요하게 생각합니까? 친구와 같이 이야기해 보십시오.

제5과

학교 시설

01 반납일이 지나면 연체료를 내야 합니다

02 하루나 이틀이면 도착할 거예요

01 반납일이 지나면 연체료를 내셔야 합니다

학/습/목/표 도서관에서 자주 접하게 되는 화제를 듣고 이해할 수 있다.

준비해 봅시다

1. 여러분은 도서관에서 무엇을 합니까?

2. 도서관에서는 어떤 이야기를 듣습니까?

어휘 연습

알맞은 어휘를 골라 빈 칸에 쓰십시오.

토론	영화 감상	전공 서적	어학 공부	좌석표

(1) 열람실에서 공부하려면 (좌석표)을/를 뽑아 가지고 가야 합니다.

(2) 멀티미디어실에서는 ( )과/와 ( )을/를 할 수 있습니다.

(3) 세미나실에서 ( )을/를 하려면 홈페이지에서 미리 예약을 해야 합니다.

(4) 자료열람실에는 ( )이/가 많이 있고 대출할 수도 있습니다.

들어 봅시다

01 다음을 듣고 질문에 답하십시오. 05 01~03

1. 남자는 무엇에 대해 질문하고 있습니까? ( )

❶ 책을 빌리는 방법
❷ 컴퓨터 이용 방법
❸ 빌릴 수 있는 책의 수
❹ 책을 반납하는 날짜

2. 여자는 어떻게 하겠습니까? ( )

❶ 수업을 들으러 갑니다.
❷ 빈자리를 찾으러 갑니다.
❸ 남자와 수업을 들으러 갑니다.
❹ 남자의 자리에 앉아서 조금 더 공부합니다.

3. 여자는 어디에 가야 합니까? 쓰십시오.

______________________, ______________________

02 다음을 듣고 질문에 답하십시오. 05 04~08

1.

(1) 남자는 왜 반납을 하지 못했습니까?

____

(2) 들은 내용과 맞는 것을 두 개 고르십시오. (　　,　　)

❶ 남자는 책을 열 권 빌렸습니다.
❷ 남자는 오늘 책을 빌릴 수 없습니다.
❸ 남자는 모두 1,000원의 연체료를 내야 합니다.
❹ 남자는 책을 반납하지 않은 지 일주일이 지났습니다.

2.

(1) 남자가 질문한 내용은 무엇입니까? (　　)

❶ 신입생도 도서관을 이용할 수 있습니까?
❷ 도서관 이용 방법에 대해 설명해 주시겠습니까?
❸ 도서관에서 외국어로 안내를 받을 수 있습니까?
❹ 도서관 견학 프로그램에 어떻게 신청할 수 있습니까까?

(2) '도서관 견학 프로그램'에 대한 내용으로 맞는 것을 두 개 고르십시오. (,)

❶ 재학생을 대상으로 합니다.
❷ 20명이 넘어도 신청할 수 있습니다.
❸ 도서관 홈페이지에서 신청할 수 있습니다.
❹ 외국인 학생도 안내를 들을 수 있습니다.

3.

(1) 남자는 무엇을 알고 싶어합니까? ( )

❶ 도서관의 위치와 시설
❷ 책을 빌리고 반납하는 방법
❸ 열람실 좌석표를 받는 방법
❹ 도서관 안에서 공부할 수 있는 곳

(2) 들은 내용과 같으면 ○, 다르면 × 하십시오.

❶ 공부할 수 있는 공간이 별로 없습니다. ( )
❷ 밤에도 공부할 수 있는 공간이 있습니다. ( )
❸ 좌석표는 인터넷으로 미리 예약할 수 있습니다. ( )
❹ 자료열람실에서 공부하려면 좌석표가 있어야 합니다. ( )

4.

(1) 이 사람들은 '세미나룸'에서 무엇을 하려고 합니까?

____

(2) '세미나룸'에 대한 설명으로 맞는 것을 고르십시오. ( )

❶ 예약할 필요가 없습니다.
❷ 6명까지만 들어갈 수 있습니다.
❸ 음료수를 마실 수 있습니다.
❹ 컴퓨터를 사용할 수 있습니다.

5.

(1) 남자는 무엇을 빌리고 싶어합니까?

____

(2) 들은 내용과 같으면 ○, 다르면 × 하십시오.

❶ 잡지는 대출할 수 있습니다. ( )
❷ 복사실은 토요일에 오후 5시까지 운영합니다. ( )
❸ 잡지는 복사나 스캔을 할 수 없습니다. ( )
❹ 무료로 자료 스캔을 할 수 있습니다. ( )

03 '신입생을 위한 도서관 견학' 안내입니다. 듣고 질문에 답하십시오. 05 09

(1) 다음 메모를 완성하십시오.

도서관 견학 프로그램

✔ 도서관 시설 – ________개의 건물
✔ ____________권의 책, 잡지 등이 있음.

✔ 2층 – 인문과학열람실

✔ 3층 – ________________, 자연과학 열람실

✔ 6층 – 멀티미디어실, ________________, 신문열람대

✔ 단행본 자료 이용 방법 – 홈페이지에서 정보 검색하고 대출

✔ 전자도서 이용 – ________________에서 대출

(2) 여러분은 어디를 많이 이용할 것 같습니까?

정리해 봅시다

도서관에서는 어떤 시설을 이용할 수 있습니까? 그리고 도서관 안에 어떤 시설이 더 있으면 좋을지 이야기해 보십시오.

02 하루나 이틀이면 도착할 거예요

학/습/목/표 우체국에서 자주 접하게 되는 화제들을 이해할 수 있다.

준비해 봅시다

1. 여러분은 우체국에 무슨 일로 갑니까?

2. 우체국에 가면 어떤 이야기를 듣습니까?

어휘 연습

다음 표의 빈 칸을 채우십시오.

나라 무게 배편 요금

종류	방법			걸리는 시간	
편지	항공편	일본	8g	1-2일	600원
소포		브라질	12kg	1-2달	56,000원

들어 봅시다

01 다음을 듣고 질문에 답하십시오. 05 11~13

1. 남자는 무엇을 하겠습니까? ( )

❶ 우체국에 갈 것입니다. ❷ 소포를 부칠 것입니다.
❸ 편지를 쓸 것입니다. ❹ 번호표를 뽑을 것입니다.

2. 남자는 무엇에 대해 질문했습니까? ( )

❶ 우편 요금 ❷ 걸리는 시간
❸ 우편물의 무게 ❹ 배로 보내는 방법

3. 두 사람은 무엇에 대해 이야기하고 있습니까? ( )

❶ 잃어버린 물건 ❷ 소포를 포장하는 방법
❸ 우편물 보험에 들기 ❹ 우편물 보내는 방법

02 다음을 듣고 질문에 답하십시오. 05 14~18

1.

(1) 남자가 보내려는 우편물에 대하여 다음 표를 채우십시오.

우편물	
보내는 방법	
걸리는 시간	
무게	3kg
요금	

(2) 들은 내용과 같으면 ○, 다르면 × 하십시오.

❶ 남자는 일본에 편지를 보낼 것입니다. ( )

❷ 남자는 우편물이 빨리 도착하기를 바랍니다. ( )

❸ 남자는 종이에 주소를 써 가지고 왔습니다. ( )

2.

(1) 두 사람은 무엇에 대해 이야기하고 있습니까? ( )

❶ 우체국의 이용 시간 ❷ 우체국의 불편한 점

❸ 우체국의 다양한 서비스 ❹ 우체국 직원의 친절함

(2) 대화의 내용과 같은 것을 고르십시오. ( )

❶ 우체국에서는 공공요금을 낼 수 없습니다.

❷ 우체국에서는 은행과 비슷한 일도 합니다.

❸ 우체국 택배 직원이 집에 오면 요금이 더 비쌉니다.

❹ 우체국 택배를 이용하려면 물건을 직접 우체국에 가지고 가야 합니다.

3.

(1) 남자의 기분은 어떻습니까? ( )

❶ 소포를 잃어버려서 화가 났습니다.
❷ 여자의 대답을 듣고 기쁩니다.
❸ 소포가 잘 배달되었는지 몰라서 궁금합니다.
❹ 인터넷을 이용할 수 없어서 당황스럽습니다.

(2) 남자는 어떻게 하겠습니까? ( )

❶ 우편 번호를 찾을 것입니다.
❷ 소포를 찾으러 우체국에 갈 것입니다.
❸ 소포를 보내러 우체국에 갈 것입니다.
❹ 우체국 홈페이지에 들어가 확인해 볼 것입니다.

4.

(1) 남자는 누구입니까? ( )

❶ 아파트 관리인
❷ 여자의 옆집에 사는 사람
❸ 택배 회사 배달원
❹ 우체국 직원

(2) 들은 내용과 같으면 ○, 다르면 × 하십시오.

❶ 여자는 지금 집에 없습니다. ( )
❷ 남자는 내일 오전에 다시 올 것입니다. ( )
❸ 남자는 여자의 집에 처음 왔습니다. ( )
❹ 남자는 여자의 우편물을 관리실에 맡길 것입니다. ( )

5.

(1) 남자는 무엇을 하려고 합니까? 쓰십시오.

(2) 여자의 설명으로 맞는 것을 고르십시오. ( )

❶ 휴일에는 택배가 배달되지 않습니다.
❷ 택배는 전화로 신청해야 이용할 수 있습니다.
❸ 소포 상자의 크기와 무게에 따라 요금이 다릅니다.
❹ 택배로 보낼 물건을 택배 회사에 가지고 가야 합니다.

03 다음은 우체국에서의 대화입니다. 듣고 빈 칸을 채우십시오. 05 19

노트북을 소포로 보내는 방법	
가능함 □ 불가능함 □	
문제점	• 받는 나라에서 ( )을/를 붙일 수 있다.
	•
보내는 방법	• ( )에 가입한다.
	• 보험료는 ( )원쯤이다.
	• 깨지지 않게 ( )을/를 잘해야 한다.

정리해 봅시다

최근에 편지나 소포를 보낸 적이 있습니까? 이야기해 보십시오.

제6과

만남

01 학교 앞 횡단보도를 건너면 약국이 있어

02 내일 저녁 모임이 취소됐어요

01 학교 앞 횡단보도를 건너면 약국이 있어

학/습/목/표 약속하는 내용을 듣고 이해할 수 있다.

준비해 봅시다

1. 약속을 할 때 어떤 말을 듣습니까?

2. 여러분은 누구와 어떤 약속을 합니까?

어휘 연습

다음 문자 메시지를 보고 답을 쓰십시오.

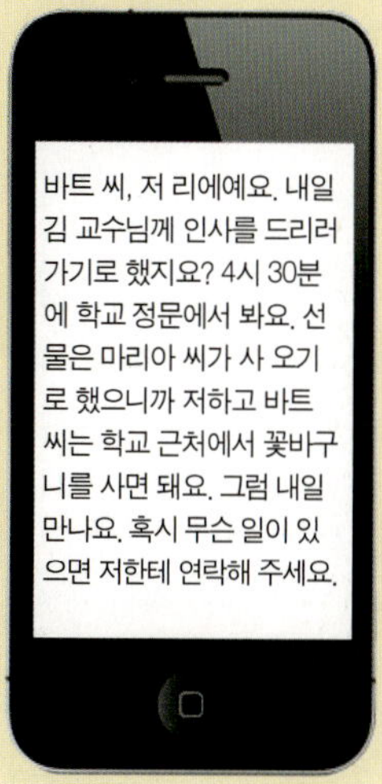

- 약속한 이유 :
- 약속 시간 :
- 약속 장소 :
- 마리아가 해야 할 일 :
- 바트와 리에가 해야 할 일 :

들어 봅시다

01 다음을 듣고 질문에 답하십시오. 06 01~03

1. 남자는 어디에 가야 합니까? (   )

2. 두 사람은 언제 만나겠습니까? (   )

❶ 월요일 아침　　❷ 토요일 아침
❸ 월요일 저녁　　❹ 토요일 저녁

3. 여자는 남자를 왜 만나려고 합니까? ( )

❶ 수업을 같이 듣고 싶어서
❷ 과 사무실에 일이 있어서
❸ 수업 내용을 물어보고 싶어서
❹ 남자가 어떤 수업을 듣는지 물어보고 싶어서

02 다음을 듣고 질문에 답하십시오. 06 04~08

1.

(1) 여자는 어떻게 하겠습니까? ( )

❶ 남자 없이 혼자 영화를 본다.
❷ 다음에 남자와 함께 영화를 본다.
❸ 남자가 올 때까지 극장 밖에서 기다린다.
❹ 남자의 표를 맡기고 들어가서 영화를 본다.

(2) 두 사람에게 어떤 문제가 생겼습니까? ( )

❶ 영화표를 집에 두고 왔다.
❷ 영화표를 한 장밖에 못 샀다.
❸ 남자가 타고 있는 버스가 사고가 났다.
❹ 남자가 늦어서 영화 시작 시간까지 오기 어려워졌다.

2.

(1) 이 사람들이 말하고 있는 '뒤풀이'에 대하여 빈 칸에 쓰십시오.

언제	
어디에서	
누구와	

(2) 뒤풀이 장소는 어디입니까? ( )

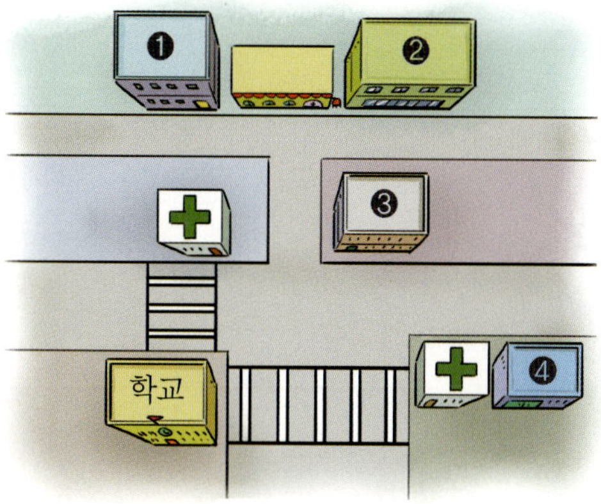

3.

(1) 여자는 어떻게 하겠습니까? ( )

❶ 지금 장학금을 신청하러 과사무실에 간다.
❷ 지금 추천서를 받으러 교수님을 찾아간다.
❸ 금요일에 추천서를 받으러 과사무실에 간다.
❹ 금요일에 상담하러 교수님을 찾아간다.

(2) 여자는 교수님께 왜 추천서를 부탁했습니까?

____

4.

(1) 웨이의 별명을 쓰십시오.

____

(2) 들은 내용과 같으면 ○, 다르면 × 하십시오.

❶ 여자는 약속 시간에 자주 늦는다. ( )
❷ 웨이는 약속 시간에 조금 늦었다. ( )
❸ 지금은 저녁이다. ( )

5.

(1) '기숙사 오픈 하우스'는 언제 합니까?

____

(2) '기숙사 오픈 하우스' 때 하지 **않는** 것을 고르십시오. (　　)

❶ 요리 대회　　❷ 노래 자랑

❸ 친구 초대　　❹ 예쁜 방 콘테스트

03 봉사 활동을 계획하는 두 사람의 대화입니다. 듣고 질문에 답하십시오. 06 09

(1) 언제 가기로 했는지 달력에 날짜를 표시하십시오.

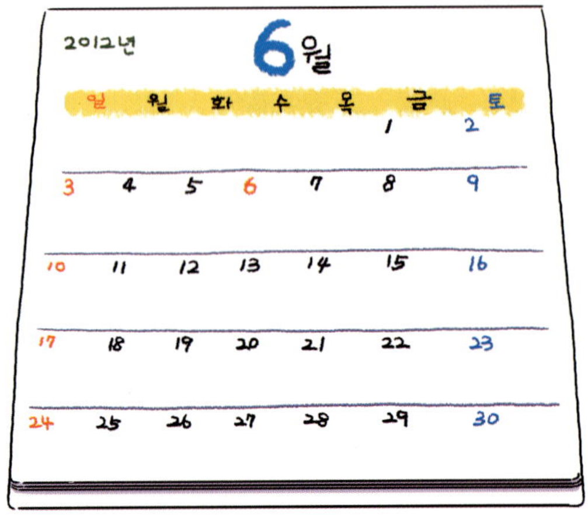

(2) 무엇을 준비해야 합니까? 아래 표에 정리하십시오.

	준비할 것
여자	
남자	

정리해 봅시다

여러분은 기억에 남는 약속이 있습니까? 이야기해 보십시오.

02 내일 저녁 모임이 취소됐어요

학/습/목/표 약속을 바꾸는 내용과 다른 사람이 전하는 이야기를 듣고 이해할 수 있다.

준비해 봅시다

1. 위의 사람들은 어떤 이야기를 하는 것 같습니까?

2. 취소할 때 어떤 말을 듣습니까?

어휘 연습

관계 있는 것을 연결하십시오.

약속을 미루다 •	• 미선이와 만나기로 한 시간에 맞춰 나갔다.
약속이 겹치다 •	• 영희와의 약속을 깜박 잊고 수진이와 영화를 봤다.
약속을 지키다 •	• 민수 생일파티와 여자 친구와 약속한 시간이 같다.
약속을 어기다 •	• 일이 안 끝나서 정민이와의 점심 약속을 1시에서 2시로 바꾸었다.

들어 봅시다

01 다음을 듣고 질문에 답하십시오. 06 11~13

1. 남자는 왜 전화를 했습니까? ( )

❶ 약속을 하고 싶다.
❷ 약속 장소를 바꾸고 싶다.
❸ 약속을 취소하고 싶다.
❹ 약속 시간을 미루고 싶다.

2. 여자는 왜 전화를 했습니까? ( )

❶ 영수가 메시지를 남겼기 때문에
❷ 모임 날짜를 물어 보려고
❸ 모임이 취소된 것을 알려 주려고
❹ 내일 연극 공연이 있는 것을 알려 주려고

제7과

일상생활

01 파마 좀 하려고 하는데요

02 카드 분실 신고를 하려고 하는데요

01 파마 좀 하려고 하는데요

학/습/목/표 편의시설 이용에 관한 이야기를 듣고 이해할 수 있다.

준비해 봅시다

1. 미용실, 세탁소, 구두 수선소 같은 곳을 자주 이용합니까?

2. 미용실이나 세탁소에 가면 어떤 이야기를 듣습니까?

어휘 연습

알맞은 단어를 골라 빈 칸에 쓰십시오.

다듬다 염색 드라이클리닝 갈다 줄이다

(1) 이 옷은 물로 빨면 안 됩니다. 꼭 (드라이클리닝)을/를 해야 합니다.

(2) 우리 아버지는 흰 머리가 많으셔서 까만색으로 ( )을/를 하십니다.

(3) 이 옷이 좀 커서 세탁소에 가서 옷을 ( )었어요/았어요/였어요.

(4) 많이 자르지 마시고 조금만 ( )어/아/여 주세요.

(5) 구두 수선소에 가면 굽을 ( )을/ㄹ 수 있어요.

들어 봅시다

01 다음을 듣고 질문에 답하십시오. 07 01~03

1. 여기는 어디입니까? ( )

❶ 편의점 ❷ 지하철 매표소 ❸ 주유소 ❹ 대형 할인점

2. 여자는 무엇을 하려고 합니까? (　　)

❶ 지금 바로 구두 굽을 갈려고 한다.
❷ 구두를 맡겨 놓고 가려고 한다.
❸ 슬리퍼로 갈아 신으려고 한다.
❹ 구두를 쇼핑백에 넣어 가지고 가려고 한다.

3. 여자는 어떤 부탁을 하고 있습니까? (　　)

❶ 드라이클리닝을 지금 해 달라고 부탁한다.
❷ 드라이클리닝을 내일까지 해 달라고 부탁한다.
❸ 드라이클리닝을 모레까지 해 달라고 부탁한다.
❹ 드라이클리닝을 내일 7시까지 해 달라고 부탁한다.

02 다음을 듣고 질문에 답하십시오. 07 04~08

1.

(1) 여자는 어떻게 하려고 합니까? (　　)

❶ 다음 주에 다시 올 것이다.
❷ 다른 미용실에 갈 것이다.
❸ 이따가 다시 올 것이다.
❹ 여기서 계속 기다릴 것이다.

(2) 오늘 왜 기다리는 손님이 많습니까? 두 개 고르십시오. (,)

❶ 예약 손님이 많아서
❷ 요즘 휴가철이어서
❸ 토요일이어서
❹ 미용사가 두 명 안 나와서

2.

(1) 남자는 무엇을 하러 왔습니까? 두 가지를 쓰십시오.

______________________, ______________________

(2) 들은 내용과 같은 것을 고르십시오. ( )

❶ 요즘 밝은 색으로 염색하는 것이 유행이다.
❷ 남자는 밝은 색으로 염색을 하고 싶어한다.
❸ 요즘은 자연스러운 색으로 염색하는 사람이 많다.
❹ 여자는 밝은 색으로 염색하는 것을 추천한다.

3.

(1) 무슨 문제가 있습니까? ( )

❶ 드라이클리닝이 잘못 됐다.
❷ 셔츠 한 벌이 없어졌다.
❸ 드라이클리닝이 아직 안 됐다.
❹ 돈을 잘못 계산했다.

(2) 들은 내용과 같으면 ○, 다르면 × 하십시오.

❶ 여자는 바지 한 벌과 셔츠 한 벌을 맡겼다. ( )
❷ 남자는 여자에게 다른 사람의 셔츠를 줬다. ( )
❸ 남자는 세탁비를 잘못 적어 놓았다. ( )

4.

(1) 두 사람은 지금 무엇을 하고 있습니까? ( )

❶ 아르바이트 소개
❷ 아르바이트 안내
❸ 아르바이트 면접
❹ 아르바이트 부탁

(2) 들은 내용과 같으면 ○, 다르면 × 하십시오.

❶ 여자는 아르바이트 경험이 없다. ( )
❷ 편의점 근무시간이 학교 매점 근무시간보다 더 길다. ( )
❸ 편의점에서 하는 일이 학교 매점에서 하는 일보다 힘들다. ( )
❹ 여자는 이 편의점에서 일을 할 것이다. ( )

5.

(1) 남자는 무엇 때문에 여자에게 질문을 합니까? ( )

❶ 여자가 힘들어 보여서
❷ 여자가 수업시간에 자꾸 졸아서
❸ 이 아르바이트를 할 생각이 있어서
❹ 이 아르바이트가 한국말 공부에 도움이 될 것 같아서

(2) 들은 내용과 다른 것을 고르십시오. ( )

❶ 여자는 한국말 발음이 나빴었다.
❷ 여자는 좀 한가한 시간에 일을 한다.
❸ 손님들은 이 여자가 한국 사람인 줄 안다.
❹ 여자는 이 아르바이트 덕분에 한국말이 늘었다.

03 운동화를 세탁하는 것에 대해서 문의하는 대화입니다. 대화를 듣고 질문에 답하십시오.

07 09

(1) 필요한 내용을 아래 표에 정리하십시오.

<table>
<tr><td>가게 이름</td><td colspan="2"></td></tr>
<tr><td>영업 시간</td><td colspan="2">~</td></tr>
<tr><td rowspan="2">세탁비</td><td></td><td></td></tr>
<tr><td>_______ 원</td><td>_______ 원</td></tr>
<tr><td>세탁비 지불</td><td colspan="2">_______________ 을/ㄹ 때 내면 된다.</td></tr>
<tr><td>세탁 시간</td><td colspan="2"></td></tr>
</table>

(2) 이 곳에 가는 방법을 간단하게 메모하십시오.

오피스텔 앞 버스 정류장에서 __________ 을/를 타고 가다가 __________ 에서 내린다.

길을 건너면 ______________________________________.

정리해 봅시다

여러분이 살고 있는 곳에는 편의시설이 충분합니까? 어떤 편의시설이 더 있었으면 좋겠습니까? 이야기해 보십시오.

02 카드 분실 신고를 하려고 하는데요

학/습/목/표 물건을 잃어버린 상황에서 이루어지는 대화를 듣고 이해할 수 있다.

준비해 봅시다

1. 여러분은 어떤 물건을 자주 잃어버립니까?

2. 잃어버린 물건을 다시 찾은 적이 있습니까?

어휘 연습

관계 있는 것을 연결하십시오.

분실물 •	• 신청이나 신고를 하거나 받는 것
분실 신고 •	• 잃어버린 물건
접수 •	• 잃어버린 물건을 모아 두는 곳
분실물센터 •	• 물건을 맡아서 가지고 있는 것
보관 •	• 물건을 잃어버린 것을 알리는 것

들어 봅시다

01 다음을 듣고 질문에 답하십시오. 07 11~13

1. 무엇에 대한 안내 방송입니까? ( )

❶ 숙녀복 매장 안내 방송
❷ 물건 구입 장소 안내 방송
❸ 잃어버린 물건을 찾는 안내 방송
❹ 물건을 놓고 간 사람을 찾는 안내 방송

2. 무엇에 대한 안내 방송입니까? ( )

❶ 자리를 비우지 마십시오.
❷ 물건을 잃어버리지 않게 조심하십시오.
❸ 층마다 있는 사물함을 많이 이용하십시오.
❹ 이 도서관은 이용객이 많은 큰 도서관이니까 조용히 하십시오.

3. 무엇에 대한 안내 방송입니까? (　　)

❶ 머리핀을 찾아가십시오.
❷ 자전거를 잃어버린 분을 찾습니다.
❸ 이달 31일은 분실물을 찾아가는 날입니다.
❹ 분실물을 찾아가지 않으면 정리하겠습니다.

02 다음을 듣고 질문에 답하십시오. 07 14~18

1.

(1) 여자는 무엇을 해야 합니까? 두 가지를 쓰십시오.

______________________, ______________________

(2) 들은 내용과 같으면 ○, 다르면 × 하십시오.

❶ 여자는 휴대 전화 분실 신고를 해야 한다. (　　)
❷ 여자는 지하철역에서 가방을 잃어버렸다. (　　)
❸ 여자는 돈을 잃어버린 것을 크게 걱정하지 않는다. (　　)

2.

(1) 카드 분실신고를 할 때 무엇을 알려 주어야 합니까? 두 개 고르십시오. (　　,　　)

❶ 이름　　❷ 나이
❸ 국적　　❹ 신분증 번호

(2) 들은 내용과 같은 것을 고르십시오. ( )

❶ 오늘은 8월 12일이다.
❷ 여자는 오늘 카드를 잃어버렸다.
❸ 여자는 8월 12일 이전에 카드를 사용한 적이 없다.
❹ 연세대학교 매점에서 다른 사람이 카드를 사용했다.

3.

(1) 남자는 왜 안경을 새로 했습니까? ( )

❶ 안경을 바닥에 떨어뜨려서 안경이 깨졌기 때문에
❷ 전에 쓰던 안경을 쓰면 잘 보이지 않기 때문에
❸ 도서관에서 자는 동안에 안경이 없어졌기 때문에
❹ 안경을 하나 더 가지고 있는 것이 좋기 때문에

(2) 들은 내용과 같은 것을 고르십시오. ( )

❶ 남자는 눈이 별로 나쁘지 않다.
❷ 안과에 가야 안경을 새로 할 수 있다.
❸ 안경을 새로 하려면 시간이 많이 걸린다.
❹ 남자는 도서관에 가서 안경을 찾아 볼 것이다.

4.

(1) 남자가 이야기한 스쿠터를 잃어버리지 않는 방법은 무엇입니까? 쓰십시오.

(2) 들은 내용과 **다른** 것을 고르십시오. (　　)

❶ 여기는 주유소이다.
❷ 기숙사에는 스쿠터 보관소가 있다.
❸ 스쿠터를 밖에 두면 잃어버리기 쉽다.
❹ 스쿠터는 작고 가벼우니까 잃어버리지 않게 조심해야 한다.

5.

(1) 여자는 무엇을 잃어버렸고 그것 때문에 어떤 문제가 생기는지 쓰십시오.

• 잃어버린 물건 : ______________________________

• 그것 때문에 생기는 문제 : ______________________________

(2) 들은 내용과 같으면 ○, 다르면 × 하십시오.

❶ 여자는 지금 북경 공항에 있다. (　　)
❷ 남자는 비행기에 연락을 할 것이다. (　　)
❸ 여자는 타고 온 비행기로 다시 가야 한다. (　　)

03 여권을 분실했을 때 어떻게 해야 하는지 친구에게 묻는 대화입니다. 대화를 듣고 질문에 답하십시오. 07 19

(1) 여권을 분실했을 때 어떻게 해야 하는지 순서대로 번호를 쓰십시오.

대사관에 간다.	( )
경찰서에 간다.	(1)
분실신고를 한다.	( )
여권 재발급 신청을 한다.	( )
분실신고 증명서를 받는다.	( )
2주 정도 후에 여권을 받는다.	(6)

(2) 여러분이 여권 분실신고를 하려고 합니다. 분실 신고서에 어떤 내용을 써야 합니까? 세 가지를 쓰십시오.

____

____

____

정리해 봅시다

물건을 잃어버려서 고생한 적이 있습니까? 무엇을 어디에서 잃어버렸습니까? 친구와 이야기해 보십시오.

제8과

공공시설

01 오늘 이 병원에 처음 왔는데요

학/습/목/표 병원에서 주고받는 대화를 이해할 수 있다.

준비해 봅시다

1. 종합병원에 간 적이 있습니까?

2. 병원에 가면 어떤 이야기를 듣습니까?

어휘 연습

관계 있는 것을 연결하십시오.

초진 •	• 두 번째 이후의 진찰
재진 •	• 병에 안 걸리게 하려고 주사를 놓는 것
예방접종 •	• 첫 번째 진찰
독감 •	• 의사가 환자에게 줄 약을 적은 종이
처방전 •	• 심한 감기

들어 봅시다

01 다음을 듣고 질문에 답하십시오. 08 01~03

1. 무엇에 대해 이야기하고 있습니까? ( )

❶ 눈병의 원인
❷ 눈병 치료 방법
❸ 눈병의 증세
❹ 눈병 예방 방법

2. 무엇에 대해 이야기하고 있습니까? ( )

❶ 독감에 걸리지 않는 방법
❷ 독감의 증세
❸ 독감치료의 어려움
❹ 독감과 감기의 공통점

3. 무엇에 대해 이야기하고 있습니까? ( )

❶ 독감 예방 접종 시기
❷ 독감 예방 접종 비용
❸ 독감 예방 접종의 중요성
❹ 독감 예방 접종 방법

02 다음을 듣고 질문에 답하십시오. 08 04~08

1.

(1) 남자는 여자에게 무엇을 설명해 주고 있습니까? 두개 고르십시오. (,)

❶ 병의 증상
❷ 이비인후과의 위치
❸ 진료 신청서 쓰는 방법
❹ 진료 신청하는 방법

(2) 여자가 쓴 진료 신청서는 어느 것입니까?

❶

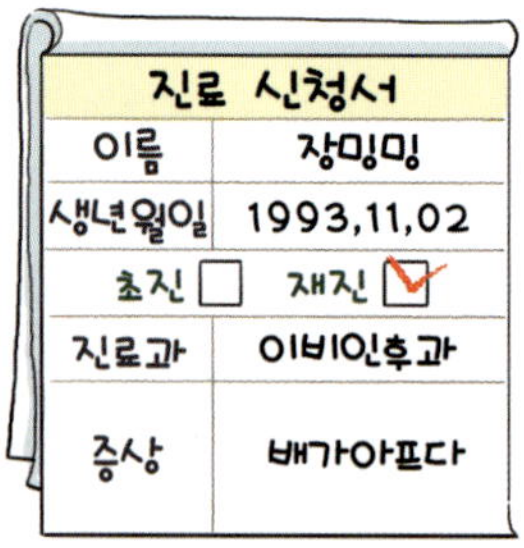

진료 신청서	
이름	장밍밍
생년월일	1993,11,02
초진 □	재진 ☑
진료과	이비인후과
증상	배가아프다

❷

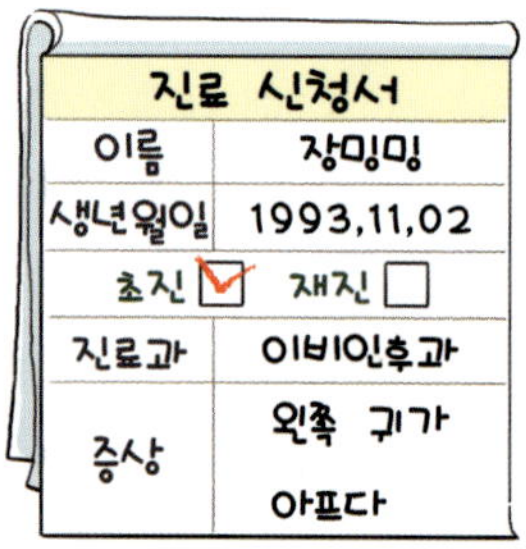

진료 신청서	
이름	장밍밍
생년월일	1993,11,02
초진 ☑	재진 □
진료과	이비인후과
증상	왼쪽 귀가 아프다

❸

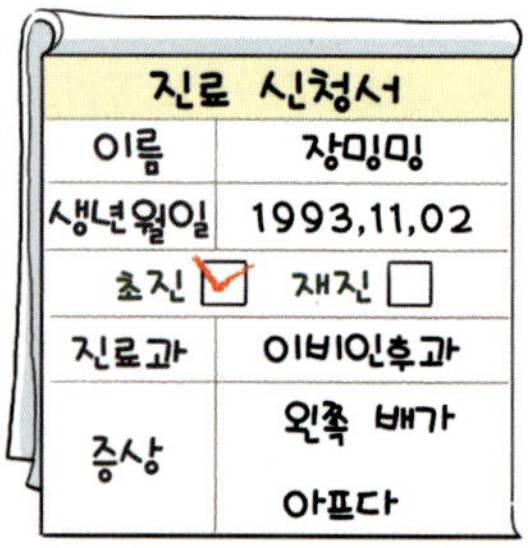

진료 신청서	
이름	장밍밍
생년월일	1993,11,02
초진 ☑	재진 □
진료과	이비인후과
증상	왼쪽 배가 아프다

2.

(1) 남자는 예약을 언제로 바꾸었습니까? 쓰십시오.

________ 월 ________ 일 ________ 시

(2) 들은 내용과 같으면 ○, 다르면 × 하십시오.

❶ 남자는 예약을 오후로 바꾸고 싶어한다. (   )
❷ 남자는 9월 25일로 예약을 했었다. (   )
❸ 남자는 내과에서 진료를 받을 것이다. (   )

3.

(1) 남자가 약을 사려면 무엇을 해야 합니까? 순서대로 번호를 쓰십시오.

(   ) ➡ (   ) ➡ (   )

❶

❷

❸

(2) 들은 내용과 **다른** 것을 고르십시오. (   )

❶ 병원 약국에서는 약을 살 수 없다.
❷ 먼저 돈을 내야 처방전을 받을 수 있다.
❸ 병원 근처에 있는 약국에서만 약을 살 수 있다.
❹ 병원 근처에 있는 약국을 이용하면 편하다.

4.

(1) 약 봉투에 여자가 말한 내용을 쓰십시오.

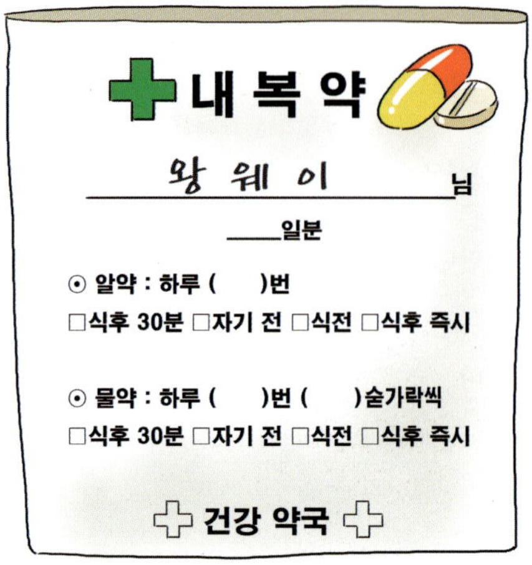

(2) 들은 내용과 같으면 ○, 다르면 × 하십시오.

❶ 알약을 먹으면 졸리다. ( )

❷ 물약을 먹으면 속이 불편해진다. ( )

❸ 점심에는 물약만 먹으면 된다. ( )

5.

(1) 간호사는 무엇을 설명하고 있습니까? ( )

❶ 수술할 때 필요한 것 ❷ 수술하기 전 주의할 점

❸ 수술 시간 ❹ 수술하는 방법

(2) 들은 내용과 같은 것을 고르십시오. ( )

❶ 가벼운 화장은 해도 된다.

❷ 수술하는 날 아침에 식사를 해도 된다.

❸ 수술하는 날 아침에 샤워를 해도 된다.

❹ 수술 전날 밤 10시 이후에는 물만 마셔야 된다.

03 다음은 학교 건강센터에 전화를 걸어서 문의하는 대화입니다. 대화를 듣고 질문에 답하십시오. 08 09

(1) 남자의 증세와 건강센터에서 받게 될 치료를 아래 표에 정리하십시오.

어디를 다쳤습니까?	
어떻게 하다가 다쳤습니까?	
어느 과에 갑니까?	
어떤 진찰을 받겠습니까?	

(2) 대학 건강 센터 일반 병원과의 다른 점이 아닌 것을 고르십시오. (　　)

❶ 대학 건강 센터에서 진료를 받으려면 학생증이 있어야 한다.
❷ 대학 건강 센터에서는 큰 수술은 못한다.
❸ 대학 건강 센터는 예약을 해야 한다.
❹ 대학 건강 센터는 일반 병원보다 진료비가 싸다.

정리해 봅시다

여러분은 혼자 병원에 갈 수 있습니까? 병원에 가면 어떤 것이 어렵습니까? 친구들과 같이 이야기해 보십시오.

02 전시물에 대한 설명을 듣고 싶어요

학/습/목/표 박물관이나 공원 등의 공공시설 이용에 관한 이야기를 듣고 이해할 수 있다.

준비해 봅시다

1. 가족이나 친구들과 함께 공원에 자주 갑니까?

2. 한국에 와서 박물관에 간 적이 있습니까?

어휘 연습

알맞은 단어를 골라 빈 칸에 쓰십시오.

관람객	음성안내기	휴관일	관람 시간	입장료

(1) 오늘은 도서관 (휴관일)이니까, 집에서 공부하자.

(2) 박물관 ( )은/는 어른은 팔천 원, 어린이는 오천 원입니다.

(3) 평일 미술관 ( )은/는 10시부터 6시까지입니다.

(4) 미술관은 주말에 ( )이/가 많으니까 편하게 보려면 주중에 가야 해.

(5) 요즘은 박물관에서 ( )을/를 빌려서 설명을 들을 수 있으니까 편해.

들어 봅시다

01 다음을 듣고 질문에 답하십시오. 08 11~13

1. 남자는 어떤 자전거를 타고 싶어합니까? ( )

❶ 2인용 자전거
❷ 여성용
❸ 남성용
❹ 세발자전거

2. 남자는 무엇을 알고 싶어합니까? 두 개 고르십시오. (,)

❶ 박물관 위치
❷ 박물관 휴관일
❸ 박물관 관람 시간
❹ 박물관 시설

3. 남자는 어떻게 할까요? ( )

❶ 한국어로 설명을 들을 것이다
❷ 선생님의 설명을 들을 것이다
❸ 음성 안내기를 사용할 것이다
❹ 2시까지 기다릴 것이다

02 다음을 듣고 질문에 답하십시오. 08 14~18

1.

(1) 남자는 무엇에 대해 문의하고 있습니까? ( )

❶ 공원 입장료
❷ 샤워장 이용료
❸ 테니스장 이용
❹ 탈의실 유무

(2) 테니스장에 대한 설명으로 맞는 것을 고르십시오. ( )

❶ 예약하지 않으면 이용할 수 없다.
❷ 주말 이용료는 1시간에 8천 원이다.
❸ 주말 이용료가 더 싸다.
❹ 샤워 시설을 이용할 수 있다.

2.

(1) 이 박물관에 들어가려면 어떻게 해야 합니까? 쓰십시오.

________________ 에서 ________________ 을/를 받아 가지고 들어간다.

(2) 들은 내용과 같으면 ○, 다르면 × 하십시오.

❶ 이 박물관의 모든 전시물은 무료로 관람할 수 있다. ( )
❷ 단체 관람객은 미리 예약을 해야 한다. ( )
❸ 관람객이 몇 명인지 알기 위해 관람권을 가지고 가게 한다. ( )

3.

(1) 다음 중 이 공원에서 볼 수 있는 것을 고르십시오. ( )

❶

❷

❸

(2) 들은 내용과 같은 것을 고르십시오. ( )

❶ 남자는 영화를 보고 싶어한다.
❷ 남자는 월드컵 공원에 간 적이 있다.
❸ 여자는 공원에 가서 자전거를 타고 싶어한다.
❹ 남자는 인터넷으로 공원에 대한 정보를 찾아보았다.

4.

(1) 여자가 설명하고 있는 것은 무엇입니까? ( )

❶

❷

❸
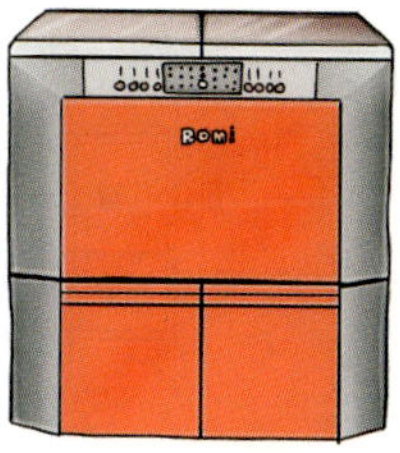

(2) 김치를 왜 땅에 묻습니까? ( )

❶ 적당한 온도를 유지하기 때문에
❷ 햇볕을 막아 주기 때문에
❸ 바람을 막아 주기 때문에
❹ 작은 집의 역할을 해주기 때문에

5.

(1) 남자는 무엇을 알고 싶어합니까? ( )

❶ 한국 각 지방의 날씨에 대해서 알고 싶어한다.
❷ 한국 전통 집이 어디에 있는지 알고 싶어한다.
❸ 한국 전통 집의 특징이 무엇인지 알고 싶어한다.
❹ 민속촌에 어떤 전통 집이 있는지 알고 싶어한다.

(2) 아래 그림에서 중부 지방의 집을 고르십시오. ( )

❶
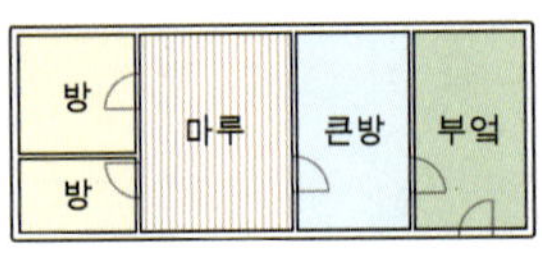

❷
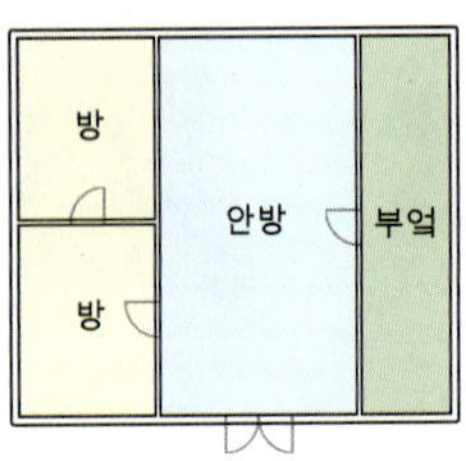

❸
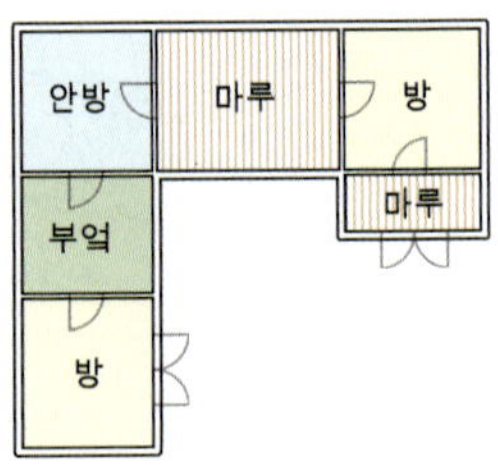

03 박물관 홍보과장의 박물관에 대한 안내입니다. 듣고 질문에 답하십시오. 08 19

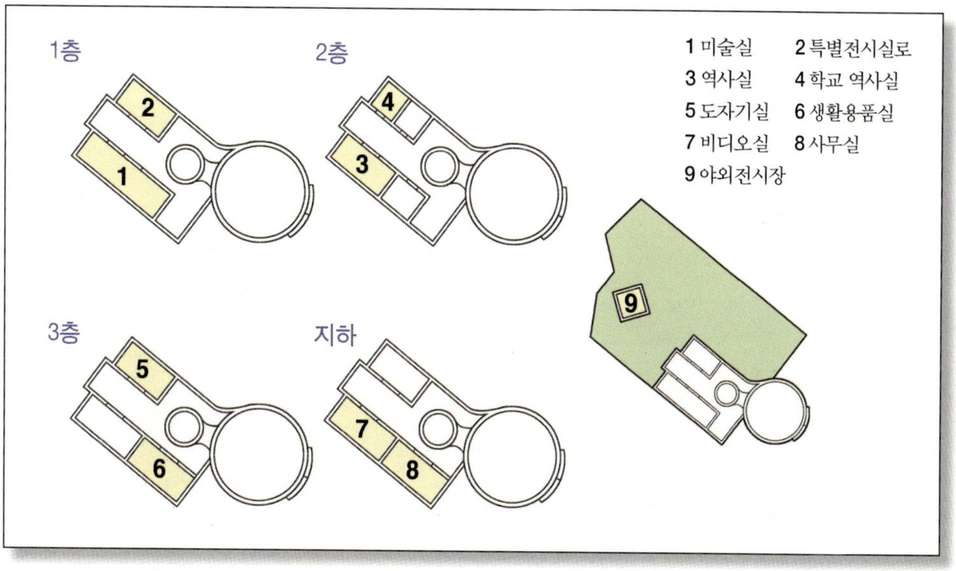

(1) 박물관에 대해 아래 표를 채우십시오.

박물관의 시작	1918년
현재 위치로 이전	(　　　　　　)년
전시실	전시실 (　　　　　　)개 야외 전시장 (　　　　　　)개
전시 내용	전시실 : 5천년 전부터 1900년대 초까지의 (　　　　　　)와/과 미술품 야외 전시장 : 1900년대 초의 (　　　　　　)와/과 (　　　　　　)
입장료	
관람 시간	

(2) 한국대학교 중앙박물관의 휴관일은 언제입니까? 쓰십시오.

__________, __________, __________

정리해 봅시다

여러분은 박물관에 가는 것을 좋아합니까? 박물관에 가면 어떤 것들을 자세히 봅니까? 친구들과 이야기해 보십시오.

제9과

취미

01 활동적인 취미 생활을 해 보고 싶어요

02 운동도 할 수 있는 여가 활동이 유행이에요

01 활동적인 취미 생활을 해 보고 싶어요

학/습/목/표 여러 가지 취미에 대한 내용을 듣고 이해할 수 있다.

준비해 봅시다

1. 위의 그림은 무엇을 하는 모습입니까?

2. 여러분은 어떤 취미가 있습니까?

어휘 연습

알맞은 단어를 골라 빈 칸에 쓰십시오.

수집하다 감상하다 두다 치다 하다

동전 우표 인형 열쇠고리	오페라 연극 영화 뮤지컬	탁구 테니스 골프 피아노	바둑 장기 체스	독서 여행 농구 야구
수집하다				

들어 봅시다

01 다음을 듣고 질문에 답하십시오. ⓽ 01~03

1. 요즘 여자는 무엇을 배우고 있습니까? ( )

   ❶ 그림 ❷ 전통무용
   ❸ 피아노 ❹ 태권도

2. 남자의 취미는 무엇입니까? 쓰십시오.

3. 여자는 무엇에 대해 이야기하고 있습니까? ( )

   ❶ 취미 생활의 장점
   ❷ 학교에서의 취미 생활
   ❸ 취미 생활의 종류
   ❹ 지나친 취미 생활의 단점

02 다음을 듣고 질문에 답하십시오. 09 04~08

1.

(1) 남자가 여자에게 추천한 취미 활동은 무엇입니까?

____

(2) 여자에 대한 설명으로 맞는 것을 고르십시오. (　　)

❶ 여자는 음악 감상을 좋아한다.
❷ 여자는 집에 있는 것을 좋아하지 않는다.
❸ 여자는 활동적인 취미를 좋아하지 않는다.
❹ 여자는 전부터 운동을 하고 싶어했다.

2.

(1) 여자가 가입한 동아리에서는 무엇을 합니까? 두 가지를 쓰십시오.

____

____

(2) 들은 내용과 같으면 ○, 다르면 × 하십시오.

❶ 남자는 유명한 식당을 많이 알고 있다. (　　)
❷ 남자는 여자가 든 동아리에 관심이 없다. (　　)
❸ 여자가 든 동아리는 회원이 별로 없다. (　　)
❹ 여자가 든 동아리는 인터넷으로 신청할 수 있다. (　　)

3.

(1) 지는 사람은 무엇을 사야 합니까?

____

(2) 들은 내용과 같은 것을 고르십시오. (　　)

❶ 남자는 여자가 볼링을 치러 가자고 해서 왔다.
❷ 남자는 운동하는 방법을 정확하게 배우려고 한다.
❸ 여자는 오랜만에 운동을 해서 실력이 잘 안 나온다.
❹ 여자는 볼링뿐만 아니라 다른 운동도 잘하는 편이다.

4.

(1) 미선이가 하고 있는 자세는 어느 것입니까? (　　)

❶

❷

❸

❹
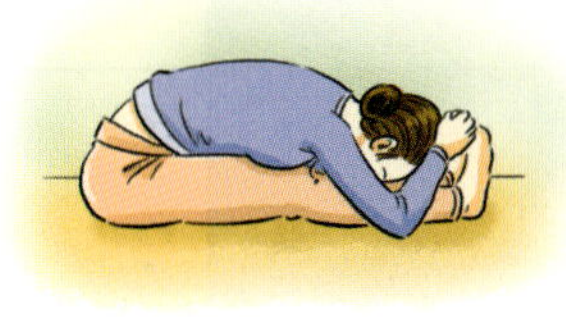

(2) 이 자세는 어떤 효과가 있습니까? (　　)

❶ 살을 뺄 수 있다.
❷ 다리가 예뻐진다.
❸ 소화가 잘 된다.
❹ 허리 아픈 것이 없어진다.

02 운동도 할 수 있는 여가 활동이 유행이에요

학/습/목/표 여가 활동에 대한 내용을 듣고 이해할 수 있다.

준비해 봅시다

1. 여러분은 어떤 여가활동을 합니까?

2. 시간이 있을 때 여러분 나라 사람들은 무엇을 합니까?

어휘 연습

관계 있는 것을 연결하십시오.

여가 •	• 쌓다
휴식 •	• 즐기다
스트레스 •	• 지키다
건강 •	• 취하다
인간관계 •	• 풀다

들어 봅시다

01 다음을 듣고 질문에 답하십시오. 09 11~13

1. 여자는 지금 무엇을 하고 있습니까? (　　)

❶ 수업을 듣고 있다.
❷ 길을 걷고 있다.
❸ 휴식을 취하고 있다.
❹ 음악회에 와 있다.

2. 두 사람은 무엇에 대해 이야기합니까? 맞는 것을 고르십시오. (　　)

❶

❷

❸

❹

3. 남자의 취미에 대한 설명을 고르십시오. (　　)

❶ 시간이 오래 걸린다.
❷ 재미있지만 조금 어렵다.
❸ 날씨가 좋아야 할 수 있다.
❹ 배우는 시간이 오래 걸리지 않는다.

02 다음을 듣고 질문에 답하십시오. 09 14~18

1.

(1) 한국 사람들이 여가 시간에 가장 많이 하는 활동은 무엇입니까? 쓰십시오.

____

(2) 들은 내용과 같은 것을 고르십시오. (　　)

❶ 한국에는 산이 별로 없고 오르기가 힘들다.
❷ 여자는 연휴에 친구들과 등산을 할 것이다.
❸ 남자는 연휴에 집에서 시간을 보낼 것이다.
❹ 두 사람은 비슷한 여가 활동을 하며 연휴를 보낼 것이다.

2.

(1) 남자가 소개하는 여가 활동을 고르십시오. (　　)

❶

❷
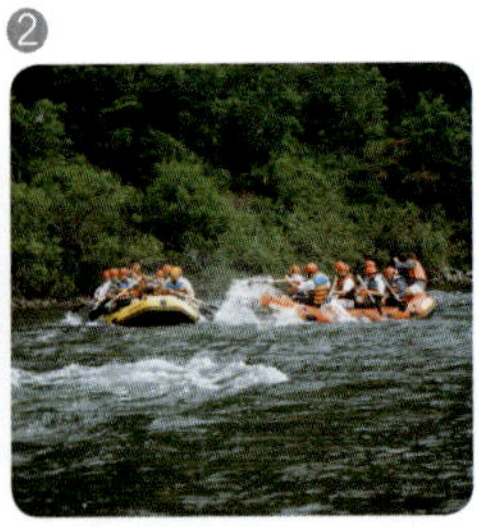
❸

❹

(2) 들은 내용과 같으면 ○, 다르면 × 하십시오.

❶ 남자는 이 활동을 많이 해 봤다. ( )
❷ 여자는 이 활동에 별로 관심이 없다. ( )
❸ 이 활동은 수영 실력이 좋아야 할 수 있다. ( )
❹ 이 활동은 처음 하는 사람도 즐길 수 있다. ( )

3.

(1) 두 사람은 무슨 이야기를 하고 있습니까? ( )

❶ 옛날의 여가 활동
❷ 새로 생긴 여가 활동
❸ 어른과 아이의 여가 활동
❹ 계절마다 다른 여가 활동

(2) 내용에 맞게 연결하십시오.

❶ 양반의 여가 활동 •	• 씨름
❷ 평민의 여가 활동 •	• 그림 그리기
❸ 여자의 여가 활동 •	• 그네 뛰기

4.

(1) 여자가 즐겼던 여가 활동은 무엇입니까?

________________, ________________

(2) 들은 내용과 같은 것을 고르십시오. ( )

❶ 여자는 여가 시간이 중요하다고 생각한다.
❷ 남자는 요즘 새로운 여가 활동에 빠져 있다.
❸ 여자는 남자에게 여가 활동을 소개하고 있다.
❹ 여자는 남자와 여가 시간에 대한 의견이 다르다.

5.

(1) 두 사람은 왜 여가 생활을 하기가 힘듭니까? ( )

❶ 특별히 잘하는 취미가 없다.
❷ 일과 공부가 많아 시간이 별로 없다.
❸ 주변에 다양한 여가 시설이 별로 없다.
❹ 밖에서 하는 활동을 좋아하지 않는다.

(2) 들은 내용과 같으면 ○, 다르면 × 하십시오.

❶ 남자는 좋은 여가 시설을 알고 있다. ( )
❷ 남자는 재즈댄스를 배우고 싶어한다. ( )
❸ 여자는 활동적인 여가 활동을 하고 있다. ( )
❹ 여자는 학교에 여가 시설이 있었으면 좋겠다고 생각한다. ( )

03 다음을 듣고 질문에 답하십시오. 09 19

1. 다음 표의 빈 칸을 채우십시오.

여가 시설	 해수욕장	 찜질방	 놀이공원
할 수 있는 것	____________ ____________ ____________ ____________	____________ ____________ ____________ ____________	____________ ____________ ____________ ____________

2. 여러분은 어디에 가겠습니까? 친구와 이야기해 보십시오.

정리해 봅시다

옛날과 지금 여가 문화가 많이 달라졌습니까? 여가 문화의 변화에 대해 이야기해 보십시오.

제10과

문화생활

01 잠시 후 공연이 시작되겠습니다

학/습/목/표 공연에 대한 내용을 듣고 이해할 수 있다.

준비해 봅시다

1. 공연장에 가면 어떤 이야기를 듣습니까?

2. 여러분은 어떤 영화나 드라마를 봤습니까?

어휘 연습

알맞은 어휘를 골라 빈 칸에 쓰십시오.

상영 시간 | 개봉 날짜 | 장르 | 관람 연령 | 감독

영화 제목	: 우리들의 행복한 시간
______________	: 120분
______________	: 15세 이상 관람가
______________	: 2006년 9월 4일
______________	: 드라마, 멜로
출연	: 강동원, 이나영
______________	: 송해성

들어 봅시다

01 다음을 듣고 질문에 답하십시오. 🔊 ⑩ 01~03

1. 남자가 예매한 것을 쓰십시오.

영화 이름 : 우주 전쟁

좌석 번호 : ______________

상영 시간 : ______________

2. 무엇에 대한 방송입니까? ( )

❶ 공연 시간 안내
❷ 공연에 대한 광고
❸ 공연 전 주의사항 안내
❹ 공연 후 사진 찍는 장소 안내

3. 두 사람은 무엇에 대해 이야기합니까? ( )

❶ 

❷ 

❸ 

❹ 

02 다음을 듣고 질문에 답하십시오. ⑩ 04~08

1.

(1) 두 사람은 무엇에 대해 이야기합니까? ( )

❶ 볼 만한 영화
❷ 요즘 유행하는 춤
❸ 한국의 전통 문화
❹ 한국의 옛날이야기

(2) 들은 내용과 같으면 ○, 다르면 × 하십시오.

❶ 남자는 한국의 전통에 관심이 있다. ( )
❷ 남자는 한국에서 영화를 본 적이 없다. ( )
❸ 두 사람은 함께 영화를 보러 갈 것이다. ( )
❹ 여자가 소개한 영화는 요즘 유행하는 춤에 대한 것이다. ( )

2.

(1) 음악회에 대한 정보를 쓰십시오.

음악회 이름	해피 클래식
장소	
시간	
관람료	

(2) 들은 내용과 **다른** 것을 고르십시오. ( )

❶ 이 음악회는 한 달에 한 번 열린다.
❷ 이 음악회에는 유명한 음악가들이 나온다.
❸ 두 사람은 음악회를 보려고 미리 예매했다.
❹ 두 사람은 인터넷으로 음악회에 대한 정보를 찾았다.

3.

(1) 무엇에 대한 광고입니까? 관계 있는 것을 고르십시오. ( )

❶

❷

❸

❹

(2) 들은 내용과 같으면 ○, 다르면 × 하십시오.

❶ 관람권은 무료이다. ( )
❷ 내용이 신나고 재미있다. ( )
❸ 어린이도 관람할 수 있다. ( )
❹ 공연은 한강은행에서 한다. ( )

4.

(1) 이 기타리스트에 대한 설명으로 맞는 것을 고르십시오. ( )

❶ 한국 공연은 이번이 처음이다.
❷ 프랑스에서 기타 교육을 받았다.
❸ 열한 살 때 세계적인 기타리스트가 되었다.
❹ 기타를 힘 있고 빠르게 치는 것으로 유명하다.

(2) 들은 내용과 다른 것을 두 개 고르십시오. (,)

❶ 남자는 연주회에 가고 싶어한다.
❷ 남자의 어릴 적 꿈은 기타리스트였다.
❸ 남자는 연주회에 갈 수 없어서 안타깝다.
❹ 남자는 전에 이 기타리스트를 만난 적이 있다.

5.

(1) 남자가 소개하는 연극에 대해 맞는 것을 두 개 고르십시오. (,)

❶ 곧 21회 공연을 할 것이다.
❷ 20년 전 학교 상황이 배경이다.
❸ 유명한 배우인 학교 선배가 출연할 것이다.
❹ 이루어지지 않는 슬픈 사랑을 보여주는 내용이다.

(2) 들은 내용과 같으면 ○, 다르면 × 하십시오.

❶ 남자는 학교 신문을 보고 있다. ( )
❷ 이 학교 학생들만 이 연극을 볼 수 있다. ( )
❸ 여자는 오늘 저녁에 연극을 보러 갈 것이다. ( )
❹ 이 연극에는 모두 처음 출연하는 배우들이 나온다. ( )

03 다음을 듣고 빈 칸을 채우십시오. ⑩ 09

공연 이름 : 오페라 '카르멘'

공연 언어 : ______________________

자막 언어 : ______________________

공연 장소 : ______________________

공연 시간 : 평일 - ______________, 주말 - ______________

관 람 료 : ______________________

할 인 : ______________________

정리해 봅시다

한국 공연과 여러분 나라 공연은 어떻게 다릅니까? 이야기해 보십시오.

02 다음을 듣고 질문에 답하십시오. ⑩ 14~18

1.

(1) 학생들은 무엇에 대한 보고서를 제출해야 합니까?

____

(2) 들은 내용과 같은 것을 고르십시오. ( )

❶ 공연 내용에 전통을 현대화한 장면이 있었다.
❷ 공연은 원작 소설의 내용을 그대로 따랐다.
❸ 학생은 공연 내용을 이해하기 어려웠다.
❹ 학생은 전통은 바뀌지 않는 것이 좋다고 생각한다.

2.

(1) 두 사람은 왜 이 공연을 봤습니까?

____

(2) 두 사람은 왜 불평합니까? ( )

❶ 공연 가격이 너무 비싸다.
❷ 기대했던 남자 주인공이 출연하지 않았다.
❸ 배우들의 연기와 극장 시설이 안 좋았다.
❹ 음악과 음향이 너무 작아서 안 들렸다.

3.

(1) 여자가 한 말이 **아닌** 것을 두 개 고르십시오. (,)

❶ 2편을 몇 번 더 볼 거예요.
❷ 역시 1편보다 나은 속편은 없어요.
❸ 2편에서 나온 주인공이 더 마음에 들어요.
❹ 1편에서 죽었던 사람이 다시 나온 것을 이해할 수 없어요.

(2) 남자가 3편을 기대하는 이유는 무엇입니까?

____

4.

(1) 공연에서 두 사람이 본 것을 모두 쓰십시오.

가수들의 노래, ____________, ____________, ____________

(2) 들은 내용과 같은 것을 고르십시오. ( )

❶ 이 공연은 오전에 열렸다.
❷ 이 공연은 관람료가 없었다.
❸ 이 공연의 마지막에 가수들이 나와 노래를 불렀다.
❹ 이 공연에 출연한 사람들은 모두 유명한 사람들이었다.

5.

(1) 두 사람은 무엇에 대해 이야기합니까?

____

(2) 누구의 이야기인지 쓰십시오.

영화 잡지를 읽는다 •	• 여자
인터넷 관객 평을 읽는다 •	• 남자
영화를 소개하는 프로그램을 본다 •	• 여자의 친구
입소문을 듣고 본다 •	
좋아하는 감독이나 배우가 나오면 본다 •	
예고편이나 포스터가 재미있을 것 같으면 본다 •	
무엇보다 내용이 중요하다 •	

03 다음 뉴스를 듣고 내용을 정리해 보십시오. ⑩ 19

뉴스의 소재	한국의 독립영화
독립영화 개봉 날짜	
독립영화 개봉 편수	
영화 〈작은 바다〉가 개봉할 수 있었던 이유	
한국 독립영화의 어려움	

정리해 봅시다

최근에 본 공연이 있습니까? 친구와 이야기해 보십시오.

부록

듣기 지문

제1과 대학생활

01 신입생 여러분을 환영합니다

01

01 01 1. 남자 : 여러분, 다시 한 번 입학을 축하드립니다. 입학식이 끝나면 오리엔테이션이 있습니다. 오리엔테이션은 여기 대강당에서 할 것입니다. 입학식이 끝나면 모든 신입생은 오리엔테이션에 참석해 주십시오.

01 02 2. 남자 : 여러분 안녕하십니까? 저는 여러분의 선배, 경영학과 09학번 정민철입니다. 우리 경영학과에 입학하신 여러분을 환영합니다. 신입생 환영회가 이번 주 금요일 오후 6시에 있습니다. 학교 앞에 있는 중국집에서 하니까 신입생 여러분은 꼭 참석해 주세요. 그럼 그 때 뵙겠습니다. 감사합니다.

01 03 3. 남자 : 우리 한국어학과에서는 한국어와 한국 문화, 한국 문학을 배울 것입니다. 그리고 한국어학과를 졸업한 후에는 한국어 선생님이 될 수 있습니다. 또 대학원에 가서 더 많은 공부를 할 수도 있습니다.

02

01 04 1. 여자 : 오늘 신입생 환영회가 있는 거 아시지요?
남자 : 네, 알아요. 오후 6시지요?
여자 : 네. 6시까지 오실 수 있어요?
남자 : 강의가 6시에 끝나기 때문에 30분 정도 늦을 것 같아요.
여자 : 알았어요. 장소는 알아요?
남자 : 네. 강의실 앞에 있는 안내문을 봤어요.
여자 : 그럼, 이따가 봐요.

01 05 2. 여자 : 안녕하세요? 물어볼 것이 있어서 왔는데요.
남자 : 뭔데요?
여자 : 오리엔테이션에서는 뭘 해요?
남자 : 대학 생활이나 학과 소개를 합니다. 교수님과 선배님도 만나서 학과 공부에 도움을 받을 수도 있습니다.
여자 : 저, 근데 제가 다음 주에 제 고향에 잠깐 다녀와야 해서 오리엔테이션에 참석하지 못하는데 어떻게 하지요? 나중에 대학 생활을 안내해 주는 설명회가 또 있습니까?
남자 : 아니요, 그런 설명회는 없습니다. 저쪽에 있는 오리엔테이션 책자를 가져가서 읽어 보시면 도움이 될 겁니다.

01 06 3. 남자 : 안녕하십니까? 저는 여러분께 학교 건물 소개를 하겠습니다. 먼저 지금 오리엔테이션을 하고 있는 이 건물이 대강당입니다. 대강당 옆에 있는 건물이 학생회관입니다. 학생회관에는 서점과 문방구, 학생식당이 있습니다. 학생회관 건너편에 있는 건물이 도서관입니다. 도서관은 아침 7시부터 밤 12시까지 문을 엽니다. 모든 학생들은 도서관 책을 15일 동안 빌릴 수 있습니다. 그리고 도서관 옆에 있는 건물은 종합관입니다. 이 건물이 1학년 여러분이 강의를 듣게 될 건물입니다. 여기에서 여러분은 교양 영어와 한국어 수업을 들을 것입니다.

01 07 4. 남자 : 여러분, 안녕하십니까? 저는 여러분께 우리 대학교에서 1년 동안 하는 행사를 소개하려고 합니다. 먼저 5월에는 학교 축제가 있습니다. 그리고 5월과 10월에는 음악회가 있습니다. 음악대학에서 1년에 두 번 행사를 합니다. 그리고 9월에는 한국 대학교와의 운동 경기가 있습니다. 축구와 야구, 농구 경기를 합니다. 우리 학교 선수들이 한국 대학교 선수들보다 훨씬 잘하기 때문에 아마 올해도 이길 겁니다. 하하하… 마지막으로 2월에는 졸업식과 입학식 그리고 지금 여러분들이 하고 있는 신입생 오리엔테이션이 있습니다. 우리 학교에서는 지금 말씀 드린 행사 외에도 많은 행사가 있습니다. 학교 홈페이지의 행사 안내를 보시면 달마다 있는 행사를 알 수 있습니다. 많이 참석하셔서 즐거운 대학 생활을 하십시오. 감사합니다.

01 08 5. 남자 : 여러분, 대학에 입학하신 것을 진심으로 축하드립니다. 저는 대학에서 학생들에게 강의를 한 지 15년이 넘었습니다. 요즘 대학생들은 제가 대학교 다닐 때하고는 다르게, 정말 열심히 공부합니다. 수업도 열심히 듣고 시험공부도 열심히 하고 도서관에서도 늦게까지 공부합니다. 이렇게 학교 안에서 열심히 공부하는 것도 좋지만 밖으로 나가 보는 것은 어떻겠습니까? 학교 밖의 사람들이 무슨 일을 하는지 궁금하지 않으세요? 멋진 연애를 하고 싶지 않으세요? 외국에 가서 세상 구경을 하고 싶지 않으세요? 책상에 앉아서 인터넷 화면만 보고 있으면 이런 일을 할 수 없습니다. 여러분, 대학 1년 동안 공부만 하지는 마세요. 학교 밖에서 여러분이 경험할 수 있는 여러 가지 일을 해 보세요. 그리고 하루하루를 열심히 사세요. 대학 1년은 여러분의 인생에 단 한 번밖에 없는 소중한 시간이니까요.

03

01 09 남자 : 우리 대학에 입학하시게 된 여러분, 진심으로 환영합니다. 지금부터 외국인 신입생을 위해 간단히 안내 말씀 드리겠습니다. 먼저, 한국어 시험 안내입니다. 다음 주 2월 21일에 여기 대강당에서 한국어능력시험이 있습니다. 입학하기 전에 한국어능력시험을 본 학생은 그 때의 성적표를 내시면 됩니다. 전에 한국어 시험을 보지 않은 학생은 21일 9시까지 대강당에 오셔서 학교에서 실시하는 한국어 시험을 보십시오. 그리고 수강 신청은 2월 20일까지 학교 홈페이지에서 하십시오.그리고 외국인 학생을 위해서 버디 프로그램이 준비되어 있습니다. 버디 프로그램에 참가하고 싶은 학생은 이 앞에 신청서가 있으니까 신청서를 써서 2월 15일까지 문과대 사무실에 내 주시면 감사하겠습니다. 버디 프로그램은 외국인 학생과 우리 대학교의 같은 학과 한국 학생을 한 명씩 연결해 주는 프로그램입니다. 여러분의 버디인 한국 학생이 여러분의 대학 생활을 도와줄 겁니다. 이것으로 외국인 신입생 안내를 간단히 마치겠습니다. 질문 있으시면 해 주십시오.

02 대학 강의 듣기가 어때요?

01

01 11 1. 남자 : 대학 강의 듣기가 어때요?
여자 : 교수님 말씀이 너무 빨라서 이해하기가 어려워요.
남자 : 전공 책은 읽을 수 있어요?
여자 : 조금 어렵지만 강의를 듣는 것보다는 쉬워요. 저는 중국 학생이라서 한자어가 많은 전공 책을 읽는 것은 그렇게 어렵지 않아요.

01 12 2. 여자(학생) : 안녕하세요? 교수님, 잠깐 시간 있으세요?
남자(교수) : 무슨 일인데 그래요?

여자(학생) : 저… 다음 주 금요일 발표를 바꿔 줄 수 있으세요? 발표 준비를 할 자료를 아직 못 찾았습니다. 죄송합니다.

남자(교수) : 그럼 이번 주 강의 시간에 다른 학생과 발표 시간을 바꿔 봅시다.

01 13 3. 여자(학생) : 교수님, 부탁이 있어서 왔는데 시간 있으세요?

남자(교수) : 무슨 일인데 그래요?

여자(학생) : 죄송하지만 교수님 책을 좀 빌려 주실 수 있으세요? 보고서를 준비하고 있는데 교수님께서 말씀하신 책을 살 수 없어서요. 도서관에도 없고요.

02

01 14 1. 남자(후배) : 요즘 한국어를 배우고 있는데 너무 어렵고 재미도 없어요. 어떻게 하면 한국어를 잘할 수 있어요?

여자(선배) : 외국어를 잘하고 싶으면 연습을 많이 해야 돼요. 나는 한국 친구를 자주 만나서 한국어로 많이 이야기해요.

남자(후배) : 그래서 선배님이 한국어를 잘하시는군요.

여자(선배) : 그리고 한국 영화나 텔레비전도 한국어 듣기에 많은 도움이 돼요.

남자(후배) : 감사합니다. 선배님.

01 15 2. 여자(학생) : 교수님, 죄송하지만 성적 때문에 여쭤볼 것이 있어서 왔습니다.

남자(교수) : 무슨 문제가 있어요?

여자(학생) : 저는 이번에 시험을 잘 본 것 같은데 제 성적이 좋지 않습니다. 왜 그렇습니까?

남자(교수) : 시험은 잘 봤어요. 하지만 성적은 시험 점수와 출석 점수, 그리고 보고서 점수를 모두 합한 것입니다. 학생이 보고서를 내지 않았기 때문에 성적이 안 좋았습니다.

여자(학생) : 아 네, 죄송합니다. 이제 알겠습니다. 안녕히 계세요.

01 16 3. 남자(교수) : 밍밍 학생, 잠깐 나 좀 봐요.

여자(학생) : 무슨 일이신데요?

남자(교수) : 지난 시간에 밍밍 학생의 발표가 정말 좋았어요. 다음 달에 그 주제로 외국인 대학생 말하기 대회가 있는데, 거기에서 발표해 보는 것이 어떻겠어요?

여자(학생) : 제가요? 감사합니다. 그런데 뭘 준비해야 돼요?

남자(교수) : 먼저 말하기 대회 홈페이지에 신청하세요. 그 신청서하고 내가 써 준 추천서, 그리고 발표 원고를 이번 달 말까지 우편으로 보내면 돼요.

01 17 4. 남자 : 안녕하세요? 지난 학기에 같이 교양 영어 강의를 들었는데 기억하세요?

여자 : 아, 네 알아요. 그런데 이름이…

남자 : 이영수예요. 그런데 밍밍 씨도 이 한국 문학 강의를 들으세요?

여자 : 네. 저는 중국 문학을 전공하고 있는데 한국 문학하고 비교해 보고 싶어서 이 강의를 들으려고 해요.

남자 : 그러시군요. 중국 문학하고 한국 문학이 많이 달라요?

여자 : 글쎄요. 처음에는 많이 다른 것 같았는데 공부해 보니까 비슷한 점도 많은 것 같아요. 앞으로 더 알아보고 싶어요.

01 18 5. 여자 : 어떻게 하지요? 내일까지 보고서를 내야 하는데 파일이 모두 없어졌어요.

남자 : 아니, 왜요?

여자 : 어제 컴퓨터로 보고서를 쓰고 있는데 갑자기 컴퓨터가 고장 나서 화면이 보이지 않았어요.

남자 : 그래서요?

여자 : 다시 켰는데 보고서 파일이 지워져서 찾을 수 없었어요. USB에 저장도 하지 않았는데 어떻

게 하지요?

남자 : 그럼, 서비스센터에 가 보세요. 거기에서는 지워진 파일을 찾을 수 있을 거예요.

여자 : 고마워요.

03

01 19 여자 : 웨이 씨는 한국어 단어를 외울 때 어떻게 외워요? 저는 단어를 외울 때 공책에 20번 정도 쓰는데도 잘 안 외워져요. 뭐 좋은 방법이 없을까요?

남자 : 글쎄요, 저는 단어를 외울 때 한국어 단어와 소리가 비슷한 중국어 단어를 연결해서 단어를 외워요. 또 그림을 그려서 외울 때도 있어요. 그러면 잘 잊어버리지 않아요.

여자 : 좋은 방법이네요.

남자 : 참, 저는 제가 매일 보는 책상이나 창문, 냉장고에 단어 카드를 붙이고 집안에서 돌아다닐 때 그 카드를 보고 단어를 계속 외울 때도 있어요.

여자 : 그렇게 계속 보면 잘 안 잊어버리겠어요. 그 방법도 써 봐야겠어요. 그런데 단어를 외우는 것보다 단어를 정확하게 쓰는 것이 더 어려운 것 같아요. 그래서 저는 단어를 외울 때는 꼭 그 단어가 들어간 문장을 만드는데 또 다른 방법이 있을까요?

남자 : 문장을 만드는 것도 좋지만 저는 그 단어가 들어간 문장을 인터넷이나 사전에서 많이 찾아봐요. 그러면 그 단어를 어떻게 쓰는지 알 수 있어서 단어를 정확하게 쓸 수 있어요.

제2과 쇼핑

01 어떤 옷을 찾으세요?

01

02 01 1. 남자(점원) : 어서 오세요, 손님. 어떤 옷을 찾으세요?

여자(손님) : 바지 좀 보려고요. 혹시 이 디자인으로 다른 색은 없어요?

남자(점원) : 네. 지금은 이 파란색밖에 없습니다.

여자(손님) : 그래요? 그럼 다른 데도 좀 보고 올게요.

02 02 2. 여자 : 손님, 이 만두 좀 드셔 보세요. 오늘 사시면 한 봉지 더 드려요.

남자 : 그런데 이 만두는 무슨 고기로 만들었어요?

여자 : 돼지고기예요. 야채도 많이 들어 있어서 맛있어요.

남자 : 그럼 하나 주세요.

02 03 3. 남자(손님) : 저, 이거 어제 여기서 산 건데요, 집에서 입어 보니까 좀 커요.

여자(주인) : 그러세요? 같은 색으로 작은 건 없는데 어떻게 하지요?

남자(손님) : 음. 저 하얀 셔츠가 괜찮은 것 같아요. 저건 얼마예요?

여자(주인) : 25,000원이니까 5,000원만 더 주시면 돼요.

02

02 04 1. 여자(손님) : 아저씨, 이쪽에 있는 열쇠고리는 얼마예요?

남자(주인) : 학교 그림이 없는 건 2,000원이고, 그림이 있는 건 4,000원이에요.

여자(손님) : 그림이 있는 것도 예쁘고 그림이 없는 것도 디자인이 예쁘군요. 어떤 걸 사야 할지 모르겠어요.

남자(주인) : 둘 다 인기가 많아요. 지금 모든 물건을 10% 할인하고 있으니까 둘 다 사는 건 어떠세요?

여자(손님) : 그래요? 그럼 이거랑 이거 하나씩 주세요. 포장도 해 주세요.
남자(주인) : 네, 알겠습니다. 잠깐만 기다리세요.

02 05

2. 여자(손님) : 아저씨, 전에도 여러 번 사 먹었는데 맛있어서 또 왔어요.
남자(과일장수) : 네, 또 오셨군요. 전에 토마토를 사셨지요?
여자(손님) : 네. 친구들하고 나누어 먹었는데 참 맛있었어요. 그래서 오늘도 토마토를 좀 많이 사려고 해요.
남자(과일장수) : 골라 보세요. 이쪽에 있는 빨간 것도 맛있고, 조금 파란 것도 싱싱하고 좋아요.
여자(손님) : 이걸로 5kg 주세요.
남자(과일장수) : 네. 그리고 저희 단골이시니까 사과를 서비스로 드리겠습니다.
여자(손님) : 감사합니다. 또 올게요.
남자(과일장수) : 네, 감사합니다. 안녕히 가세요.

02 06

3. 남자 : 리에 씨, 저 오늘 옷 사러 밤에 동대문 시장에 갈 건데, 같이 갈래요?
여자 : 쇼핑하러 밤에 가요? 밤에는 시장 문 닫지 않아요?
남자 : 아니요. 동대문 시장은 보통 새벽 5시까지 문을 열어요. 유행하는 옷을 싸게 살 수 있어서 젊은 사람들이 쇼핑하러 많이 가요.
여자 : 그렇군요. 저는 남대문 시장에는 간 적이 있지만 동대문 시장에는 가 본 적이 없어요.
남자 : 가 보면 재미있을 거예요. 밤에 포장마차에서 음식을 사 먹는 것도 재미있어요.
여자 : 그래요? 저도 쇼핑도 하고 맛있는 음식도 먹고 싶어요. 같이 가요.

02 07

4. 여자 : 저희 한국백화점을 찾아 주신 고객 여러분께 감사드리며 설날 특별 행사를 안내해 드리겠습니다. 지금 1층 식품 매장에서는 설날을 맞아 싱싱한 해산물을 세일하고 있습니다. 오후 3시까지 오시는 분께는 오징어 다섯 마리에 3,000원, 고등어 열 마리에 10,000원씩 드리겠습니다. 또한 5층 아동복 매장에서는 겨울 아동 옷을 30% 할인 판매하고 있으니 따뜻하고 예쁜 아동 의류를 좋은 가격에 마련하시기 바랍니다. 아동 고객에게는 기념품도 드리고 있습니다. 오늘도 저희 백화점에서 즐거운 쇼핑 시간 보내시기 바랍니다. 감사합니다.

02 08

5. 남자(점원) : 손님, 모두 10만 3,000원입니다. 봉투 드릴까요?
여자(손님) : 아니요, 괜찮아요. 가방 가지고 왔어요. 카드 여기 있습니다.
남자(점원) : 일시불로 하시겠어요? 할부로 하시겠어요?
여자(손님) : 일시불로 해 주세요.
남자(점원) : 오늘 7만 원 이상 고객께는 라면이나 휴지를 사은품으로 드립니다. 저쪽 고객센터로 가셔서 영수증을 보여 주시면 됩니다.
여자(손님) : 네, 감사합니다.

03

02 09

여자 : 저희 '행복' 백화점을 찾아주신 고객 여러분께 감사드리며 잠시 안내 말씀 드리겠습니다. 저희 백화점 개점 20주년을 맞아 6월 20일부터 일주일 동안 특별 행사를 진행하고 있습니다. 지하 식품 매장에서는 여러 가지 채소와 과일을 하나 사시면 하나 더 드리는 행사를 하고 있습니다. 한 상자 가격으로 두 상자를 구입할 수 있는 기회를 놓치지 마시기 바랍니다. 1층 화장품 매장에서는 메이크업 전문가가 무료로 화장을 해 드리고 있으니 많이 이용하시기 바랍니다. 2층 숙녀복 매장에서는 작년 여름 상품을 반값으로 할인하고 있으니 시원하고 예쁜 옷을 미리 준비하시기 바랍니다. 3층 스포츠 매장에서는 스포츠 의류와 운동 기구를 할인 판매하고 있습니다. 운동복, 등산화, 골프 용품 등을 싼 값에 마련하시기 바랍니다. 또한 10만 원 이상 구매 고객께서는 음료와 사은품을 받으실 수 있으니 3층 고객센터에 영수증

을 가지고 오시기 바랍니다. 특별 행사 기간 동안 문을 닫는 시간이 1시간 연장되어 고객 여러분께서는 9시까지 이용하실 수 있습니다. 즐겁고 편안한 쇼핑 되시기를 바랍니다. 고맙습니다.

02 받으실 분의 주소를 말씀해 주시겠어요?

01

02 11 1. 남자 : 감사합니다. '통통 치킨'입니다.
여자 : 방금 양념치킨 한 마리 주문한 사람인데요. 혹시 프라이드 치킨으로 바꿔도 됩니까?
남자 : 네. 바꾸실 수 있습니다. 평화 원룸 2동 202호지요? 곧 배달해 드리겠습니다.

02 12 2. 남자 : 여보세요, '파란택배'입니다. 장밍밍 씨한테 물건이 왔는데요.
여자 : 네. 그런데 제가 지금 기숙사에 없는데요. 기숙사 관리실에 맡겨 놓고 가시겠어요?
남자 : 그런데 이 물건은 받는 분의 서명을 받아야 해요.
여자 : 그래요? 그럼 내일은 제가 기숙사에 있을 거니까 내일 다시 와 주시겠어요?
남자 : 알겠습니다.

02 13 3. 여자 : (따르릉) 안녕하십니까, '종로반점'입니다.
남자 : 여기 한국대학교 인문관 202호인데요, 자장면 곱빼기 둘 하고, 잡채밥 하나 배달해 주세요.
여자 : 네. 알겠습니다.
남자 : 그리고, 쿠폰이 30장 있는데 어떤 걸 시킬 수 있어요?
여자 : 30장이면 탕수육 큰 거를 시키실 수 있습니다. 탕수육 큰 거랑 서비스로 음료수를 같이 배달해 드리겠습니다.

02

02 14 1. 남자 : 여보세요, 꽃바구니를 하나 보내려고 하는데요.
여자(꽃가게): 네. 어떤 것으로 하시겠어요?
남자 : 여기 광고를 보니까 8만 5천 원짜리 장미꽃바구니가 예쁜 것 같아요.
여자(꽃가게) : 네. 케이크도 포함되어 있고, 지금은 특별히 와인 한 병도 서비스로 드리고 있습니다.
남자 : 그럼 하나 배달해 주세요. 그런데 내일이 교수님 생신이신데 내일 오전까지 도착할 수 있을까요?
여자(꽃가게) : 네. 원하시는 시간에 배달됩니다. 받으실 분의 주소를 말씀해 주시겠어요?

02 15 2. 남자 : 자, 이번에 여러분께 소개해 드릴 물건은 여행용 가방입니다. 지난주 방송에서 30분 만에 다 팔려서 오늘은 저희가 충분히 준비했습니다. 하지만 오늘도 벌써 전화를 주시는 분들이 많으니까 서두르십시오. 이 제품은 갈색, 검정색, 빨간색 세 가지 색깔이 있고 디자인이 예뻐서 인기가 많습니다. 그리고 무엇보다도 가벼워서 누구나 편리하게 사용할 수 있고, 가방을 끌고 다닐 때 소리가 나지 않는다는 게 가장 큰 장점입니다. 지금 주문하시는 분께는 여행용 모자와 허리에 차고 다닐 수 있는 가방도 드립니다. 가격은 20만 원이지만 지금 주문하시면 10% 할인된 가격으로 사실 수 있습니다. 지금 빨리 전화 주십시오.

02 16 3. 여자(상담원) : 네, 고객님. 무엇을 도와 드릴까요?
남자 : 지금 방송에 나오는 제품에 대해서 좀 물어볼 게 있는데요.
여자(상담원) : 네, 말씀하세요.
남자 : 제가 운동화는 270을 신는데, 이건 몇 사이즈를 신어야 됩니까?
여자(상담원) : 등산화는 좀 넉넉하게 신으시는 게 좋습니다. 5mm 더 큰 사이즈로 주문하시면 될 겁니다. 안 맞으시면 일주일 안에 교환하실 수 있고요.

남자 : 네. 알겠습니다. 감사합니다.

02 17 4. 여자 : 안녕하십니까, '한국 홈쇼핑'입니다.
남자 : 저… 주문한 물건이 잘못 와서 다시 돌려보내려고 하는데요. 어떻게 해야 합니까?
여자 : 어떤 물건을 주문하셨습니까?
남자 : 하얀색 전자사전을 주문했는데 까만색이 왔어요.
여자 : 아, 그러세요? 죄송합니다. 저희가 택배 기사를 보내 드릴 테니까 물건을 택배 기사에게 주세요. 물건은 받으셨을 때처럼 다시 포장해 주시고요.
남자 : 알겠습니다. 그런데 제가 내일 오전에는 집에 없으니까 오후에 오셨으면 좋겠는데요.
여자 : 네. 알겠습니다. 내일 택배 기사가 전화 드리고 찾아뵙겠습니다.

02 18 5. 여자 : 감사합니다. 'YS쇼핑'입니다.
남자 : 저 뭐 좀 여쭈어 보려고 하는데요. 제가 조금 전에 'YS쇼핑'에서 물건을 샀는데요. 주문을 취소하려면 어떻게 해야 합니까?
여자 : 홈페이지에 들어 가셔서 주문을 취소하시면 됩니다.
남자 : 저… 제가 지금 인터넷을 이용하기가 어려운데 그냥 지금 전화로 취소해 주실 수 있습니까?
여자 : 네. 해 드리겠습니다. 고객님 성함과 주문하신 물건을 말씀해 주시겠어요?
남자 : 이름은 정민철이고 자전거를 샀습니다.
여자 : 잠시만요… 네. 정민철 고객님. 주문이 취소되었습니다. 다음에 또 이용해 주십시오. 감사합니다.
남자 : 네. 감사합니다.

03

02 19
남자 : 안녕하세요. 인터넷으로 물건을 사 본 적이 없는데요. 물건을 사려면 어떻게 해야 합니까?
여자 : 회원가입은 하셨습니까?
남자 : 아니요, 회원가입을 해야 합니까?
여자 : 회원가입을 안 하셔도 되지만, 회원가입을 하시면 쿠폰도 받으실 수도 있고 할인도 받으실 수 있습니다.
남자 : 그래요? 그런데 외국인도 회원가입을 할 수 있습니까?
여자 : 네, 먼저 홈페이지 아래에 있는 회원가입 버튼을 누르세요. 그러면 일반 회원가입과 외국인 회원가입 창이 나올 거예요.
남자 : 네, 알겠습니다. 그 다음에는 어떻게 합니까?
여자 : 외국인 회원가입 버튼을 누르신 후에 이름하고 외국인 등록 번호 같은 회원 정보를 입력하시면 됩니다.
남자 : 알겠습니다. 어렵지 않군요. 한번 해 보겠습니다.
여자 : 이용해 주셔서 감사합니다.

제3과 유학생활

01 노트북을 빌리고 싶은데 어떻게 하면 됩니까?

01

03 01 1. 남자(학생) : 노트북을 빌리고 싶은데 어떻게 하면 됩니까?
여자(사무실 직원): 이 신청서에 학번과 이름을 써 주세요.
남자(학생) : 언제까지 사용할 수 있습니까?

여자(사무실 직원): 오늘 오후 5시까지 사용할 수 있습니다.

03 02 2. 남자(사무실 직원) : 경제학과 사무실입니다.
여자(학생) : 뭐 좀 여쭤보려고 전화 드렸는데요. 저… 아르바이트를 하고 싶은데 어떻게 하면 됩니까?
남자(사무실 직원) : 학교 홈페이지 게시판과 사무실 앞 게시판에 아르바이트 안내문이 있으니까 찾아보세요.
여자(학생) : 네, 감사합니다.

03 03 3. 여자(학생) : 사무실이지요? 여기 329호인데요. 제 방 히터가 고장 난 것 같아요.
남자(사무실 직원) : 그래요? 지금 기사 아저씨가 다른 곳에서 수리 중이니까 잠깐만 기다려 주세요.
여자(학생) : 언제까지 기다려야 해요?
남자(사무실 직원) : 1시간 정도 기다려야 할 것 같습니다. 히터의 전원을 뽑고 기다려 주세요.

02

03 04 1. 남자(학생) : 안녕하세요. 게시판에서 아르바이트 광고를 보고 전화했는데요. 사람을 구하셨나요?
여자(사무실 직원) : 아니요, 아직 구하지 못했습니다.
남자(학생) : 한국말을 중국어로 통역하는 거지요?
여자(사무실 직원) : 네, 그렇습니다.
남자(학생) : 아, 그럼 제가 하고 싶은데 어떻게 하면 됩니까?
여자(사무실 직원) : 먼저 한국말과 중국말로 자기소개서를 써 가지고 사무실로 가지고 오세요.
남자(학생) : 네, 알겠습니다. 이따가 오후에 가겠습니다.

03 05 2. 여자(학생) : 기숙사 사무실이지요? 빨래를 하고 싶은데 어떻게 하면 돼요?
남자(사무실 직원) : 지하 1층에 세탁실이 있습니다. 세탁기에 1,000원을 넣으면 사용할 수 있어요.
여자(학생) : 거기에 세제도 있나요?
남자(사무실 직원) : 아니요, 세제는 학생이 준비해 가지고 가야 합니다.
여자(학생) : 아, 그리고 다림질도 하고 싶은데요.
남자(사무실 직원) : 세탁실 옆에 다리미가 있는 방이 있으니까 그곳을 이용하세요.
여자(학생) : 네, 알겠습니다. 감사합니다.

03 06 3. 여자(학생) : 저, 학교 안에 있는 체육관에서 탁구를 치고 싶은데 어떻게 하면 됩니까?
남자(사무실 직원) : 여기에 있는 신청서를 쓰시면 됩니다.
여자(학생) : 예약은 안 해도 됩니까?
남자(사무실 직원) : 지금은 방학이어서 그냥 사용하셔도 되지만 학기 중에는 예약을 한 후에 사용하셔야 합니다.
여자(학생) : 사용료도 내야 합니까?
남자(사무실 직원) : 아니요, 사용료는 내지 않아도 됩니다.
여자(학생) : 네, 그리고 탁구채도 빌릴 수 있을까요?
남자(사무실 직원) : 네, 탁구대 옆에 있는 탁구채를 사용할 수 있습니다.

03 07 4. 여자(학생) : 저, 실례합니다.
남자(사무실 직원) : 네, 무슨 일입니까?
여자(학생) : 저희가 스터디 모임을 하려고 매주 수요일에 529호를 빌렸는데, 교실을 바꾸고 싶습니다.
남자(사무실 직원) : 아, 네. 무엇 때문에 그러시죠?

여자(학생) : 저희가 컴퓨터가 필요하게 되었는데 529호에는 컴퓨터가 없어서요.
남자(사무실 직원) : 그러면 110호를 이용하십시오.
여자(학생) : 네, 감사합니다. 이번 주 수요일부터 이용할 수 있습니까?
남자(사무실 직원) : 네, 수요일부터 이용 할 수 있습니다.

03 08 5. 남자(총학생회 사무실) : 네, 총학생회 사무실입니다.
여자(학생) : 저, 뭐 좀 말씀드리고 싶어서요.
남자(총학생회 사무실) : 네, 말씀하세요.
여자(학생) : 요즘 시험 기간이어서 도서관에서 밤늦게까지 공부하는데요. 피곤할 때 여학생들이 편하고 안전하게 쉴 수 있는 곳이 있으면 좋을 것 같아서요. 여학생 휴게실을 만들 수 없을까요?
남자(총학생회 사무실) : 아, 네. 전부터 그런 이야기를 많이 들어서 저희도 얼마 전에 회의를 했습니다. 저희도 휴게실을 만들려고 하고 있습니다.
여자(학생) : 아, 그렇군요. 그럼 언제부터 이용할 수 있습니까?
남자(총학생회 사무실) : 다음 학기부터 이용할 수 있습니다.
여자(학생) : 네, 고맙습니다.

03

03 09 여자(학생) : 여보세요. 한국어능력시험을 보고 싶어서 전화 드렸습니다.
남자(사무실 직원) : 네, 말씀하세요.
여자(학생) : 시험 접수를 하려고 하는데 어떻게 하면 되나요?
남자(사무실 직원) : 네, 한국어능력시험 홈페이지에서 6월 30일부터 7월 14일까지 접수를 할 수 있습니다. 9월에 시험이 있으니까 지금 접수하시면 볼 수 있습니다. 시험은 어휘/문법, 쓰기, 읽기, 듣기 과목을 봅니다.
여자(학생) : 네, 그런데 시험 응시료는 얼마입니까?
남자(사무실 직원) : 40,000원입니다.
여자(학생) : 시험 후에 성적표도 나옵니까?
남자(사무실 직원) : 네, 시험이 끝난 후 우편으로 보내 드리고 홈페이지에서도 성적을 확인할 수 있습니다.

02 음악 소리 좀 작게 해 줘

01

03 11 1. 여자 : 웨이야, 많이 피곤해 보이는데 잠을 못 잤어?
남자 : 요즘 방 친구가 아침 일찍 도서관에 가서 나도 그때 일어나게 돼.
여자 : 그래서 그랬구나. 이 커피 좀 마셔. 괜찮아질 거야.

03 12 2. 여자 : 웨이야, 나 밍밍인데. 지금 네 방에서 인터넷이 잘 돼?
남자 : 지금? 잠깐만…… 어, 지금은 인터넷이 안 되는데! 네 방에서도 안 돼?
여자 : 응. 지금 숙제를 해야 돼서 인터넷을 써야 하는데 어떡하지?
남자 : 그럼 컴퓨터실에 한번 가 봐. 저녁 시간이니까 사람도 없을 거야.

03 13 3. 웨이 : 안녕? 영수야.
영수 : 어, 그래 웨이야. 그런데 무슨 일이야?
웨이 : 내가 창문을 열고 공부를 하는데 네 방에서 담배 냄새가 좀 많이 올라와. 그래서 내 방에서

도 담배 냄새가 많이 나.

영수 : 그래? 정말 미안해. 내가 저녁에 베란다에서 담배를 피워서 그런 것 같아. 다음부터는 밖에 나가서 피울게.

02

03 14 1. 남자 : 밍밍아, 왜 그렇게 옷을 두껍게 입었어? 덥지 않아?
여자 : 응, 지금 감기에 걸려서 너무 추워.
남자 : 이렇게 날씨가 더운데 감기에 걸렸어?
여자 : 어제 우리 방 에어컨이 너무 세게 나와서 그런 것 같아.
남자 : 정말? 우리 방에도 지난주에 그랬어. 그래서 관리실에 가서 말하니까 바로 고쳐줬어. 아니면 전화나 이메일로 해도 될 거야.
여자 : 그래? 고마워. 지금 바로 관리실에 가 봐야겠다.

03 15 2. 남자 : 밍밍아, 지금 수업 들으러 가?
여자 : 아니, 지금 다 끝나서 기숙사에 들어가는 길이야. 참, 너희 과는 오늘 과 엠티 가지?
남자 : 응. 그래서 지금 모임 장소로 가야 하는데 문제가 좀 생겼어. 저녁에 고향에서 음식 소포가 오는데 받아 줄 사람이 없어.
여자 : 그래? 그럼 내가 받아 줄까? 저녁에 기숙사에 계속 있을 거니까 받아 줄 수 있어.
남자 : 정말? 고마워. 냉장고에 꼭 넣어야 하는 음식들이 많아서 걱정하고 있었어.
여자 : 걱정하지 말고 다녀와. 내가 받아서 바로 2층 냉장고에 넣을게.

03 16 3. 영수 : 웨이야, 샤워를 하려고 하는데 물이 안 나와.
웨이 : 어. 오늘 물탱크 청소를 해서 지금은 안 나올 거야. 게시판을 봤는데 그렇게 쓰여 있었어.
영수 : 그래? 그런데 너는 아까 어떻게 샤워를 했어?
웨이 : 우리 2동은 오전에는 물이 나왔고, 오후에만 안 나와. 그래서 아까 샤워를 할 수 있었어.
영수 : 그랬구나. 그럼 어떻게 하면 좋을까? 지금 운동을 해서 빨리 샤워를 하고 싶은데.
웨이 : 그럼 옆의 1동 샤워실에 가 봐. 게시판을 보니까 1동은 우리하고 물 나오는 시간이 반대였어. 그러니까 지금은 물이 나올 거야.

03 17 4. 여자 : 웨이야, 혹시 우리 층 냉장고에 있는 우유 못 봤어?
남자 : 우유? 못 봤는데. 아까 주스가 있는 것은 봤어. 그런데 왜?
여자 : 내가 우유를 사서 냉장고에 넣어 두면 항상 없어져.
남자 : 정말? 아마 다른 사람이 잘못 알고 가져갔을 거야.
여자 : 아니야. 이번이 벌써 세 번째야. 날씨가 너무 더워서 방에 우유를 둘 수도 없는데 어떻게 해야 할지 모르겠어.
남자 : 그럼 다음부터는 우유에 네 이름을 쓰면 다른 사람이 가져가지 않을 거야. 나도 그렇게 하고 있어.
여자 : 알았어. 그렇게 해 볼게. 고마워.

03 18 5. 리에 : 밍밍아, 내가 지난 학기에 바빠서 일을 많이 못했으니까 이번 학기에 일을 좀 더 할게.
밍밍 : 그럼 지금 일을 같이 나눠 볼까? 너는 이번 학기 시간표가 어떻게 돼?
리에 : 나는 오전에는 수업이 없어서 시간이 많아. 그러니까 오전에 방청소를 할게.
밍밍 : 그래. 그런데 리에야, 미안한데 이번 학기부터는 내가 아르바이트를 시작해서 조금 바쁠 것 같아. 그러니까 저녁에 일을 할게.
리에 : 그래. 그럼, 너는 저녁에 아르바이트 끝나고 와서 쓰레기를 버려 줘.
밍밍 : 알았어. 아르바이트하는 곳에서 매점이 가까우니까 쓰레기봉투는 내가 사 올게.

리에 : 참, 내가 토요일에는 동아리 모임 때문에 방청소를 못할 것 같은데 그때는 네가 해 줄 수 있어?

밍밍 : 응. 괜찮아. 토요일에는 아르바이트도 없고, 계속 기숙사에만 있을 거야.

03

03 19

남자 : 밍밍아, 요즘 기숙사 식당에서 자주 못 본 것 같아. 많이 바빠?

여자 : 아니. 바쁜 것은 아니고 이번 주에는 기숙사 식당에서 식사를 하지 않아서 그래.

남자 : 그렇구나. 그러면 다른 식당에서 밥을 먹어? 다른 식당은 기숙사 식당보다 비싸고 양도 적지 않아?

여자 : 그건 그래. 하지만 이번 주 기숙사 식당 음식에는 고기가 들어 있어서 내가 먹을 수 없어.

남자 : 아, 맞다. 너는 고기를 안 먹지?

여자 : 응. 그리고 기숙사 음식이 너무 매워서 그동안 조금 힘들었어.

남자 : 맞아. 나도 그렇게 생각해. 그리고 나는 좀 짠 것 같아.

여자 : 그렇지? 우리 기숙사는 외국인이 많이 사니까 식단 메뉴가 조금 더 다양해졌으면 좋겠어.

남자 : 그럼 우리 이번 기숙사 학생 모임 때 한번 말해 볼까?

여자 : 그럴까?

제4과 여행

01 제주도로 엠티를 가기로 했어

01

04 01

1. 남자 : 안녕하세요? 경영학과 학생회장 정민철입니다. 새 학기가 시작된 지 한 달 정도 되었습니다. 새로 입학한 신입생들도 환영하고 선배와 후배의 대화 자리를 만들기 위해서 엠티를 준비하고 있습니다. 새 학기 시작하고 처음 가는 엠티이니 한 명도 빠지지 않고 다 갔으면 좋겠습니다. 자 그럼 우리 엠티 가서 만납시다.

04 02

2. 여자(후배) : 선배님, 저는 이번 엠티가 처음인데, 엠티를 가면 뭘 해요?

남자(선배) : 엠티는 사람들과 친해지기 위해서 가는 거니까 이야기도 하고 같이 노래도 부르고 게임도 하고 그래.

여자(후배) : 재미있겠어요. 그런데 구경은 안 해요?

남자(선배) : 하지. 다른 여행처럼 근처에 있는 유명한 곳을 구경하기도 하고 맛있는 음식도 먹으러 가지.

04 03

3. 여자 : 이번 엠티는 어디로 갔으면 좋겠어요?

남자 : 저는 등산을 좋아하니까 설악산으로 가면 좋겠어요.

여자 : 설악산이요? 좀 멀지 않을까요? 그리고 등산을 싫어하는 사람들도 있는데요.

남자 : 그렇지만 등산은 잠깐만 해도 되고 근처에 바닷가가 있으니까 바다에도 갈 수 있어요. 그리고 요즘은 날씨도 시원해서 등산하기가 좋아요.

02

04 04

1. 남자 : 너 이번 금요일에 엠티 갈 거지?

여자 : 아니, 다음 월요일에 발표가 있어서 준비를 해야 돼.

남자 : 발표 준비를 미리 하면 안 돼?

여자 : 이번 발표 준비는 시간이 많이 걸려. 아무리 빨리 해도 엠티 가기 전에 끝내기가 힘들어.

남자 : 그럼 다른 친구하고 순서를 바꾸면 안 될까?

여자 : 바꿀 수 있었으면 바꿨지. 친구들한테 부탁했는데 바꿔 줄 수 있는 친구가 한 명도 없었어. 이번 엠티 정말 가고 싶었는데…….

04 05 2. 여자 : 우리 과는 기말 시험 끝나고 제주도로 엠티를 가기로 했어.

남자 : 어, 그래? 엠티를 꽤 멀리 가는구나.

여자 : 제주도가 멀기는 하지만 비행기를 타고 가니까 1시간밖에 안 걸려.

남자 : 제주도에 갈 때도 인천공항에서 비행기를 타?

여자 : 아니, 제주도에 가려면 김포 공항으로 가야 해.

남자 : 제주도에 배로도 갈 수 있지?

여자 : 응, 인천항에서 제주도까지 가는 배가 있는데 시간이 너무 많이 걸려.

04 06 3. 여자 : 이번 동아리 엠티를 얼마 동안 갈까요?

남자 : 1박 2일로 가는 게 어때요?

여자 : 1박 2일은 좀 짧은 것 같은데요. 갈 때 올 때 시간을 빼면 가서 있는 시간이 너무 짧아요. 2박 3일이 어때요?

남자 : 그렇지만 아침 일찍 출발해서 그 다음날 오후까지 행사를 하면 시간을 잘 쓸 수 있을 것 같은데요.

여자 : 그래요. 그러면 괜찮을 것 같아요. 다음은 어디로 갈지 결정합시다.

04 07 4. 남자 : 여보세요.

여자 : 웨이야, 나 미선인데, 내가 어제 말한 펜션 알아봤어?

남자 : 응, 조금 전에 인터넷으로 찾아봤어. 버스 정류장에서 조금 멀긴 한데, 방이 넓어서 우리가 충분히 묵을 수 있고 시설도 좋은 것 같아. 그런데 다음 주말은 벌써 예약이 다 끝났어.

여자 : 엠티 가는 동아리가 많아서 그럴 거야.

남자 : 그 다음 주는 예약이 되는데, 그것도 빨리 하지 않으면 안 될 것 같아.

여자 : 알았어. 날짜를 바꿀지 다른 펜션을 알아볼지 결정해서 다시 연락해 줄게.

04 08 5. 남자 : 동아리 회원 여러분, 이번 동아리 엠티 장소와 날짜가 결정됐습니다. 회원 여러분들께서 여러 곳에 가고 싶어하셨는데 그 중에서 가장 많은 동아리 회원들께서 가고 싶어하시는 설악산으로 가기로 했습니다. 날짜는 4월 첫째 주 토요일과 일요일에 가려고 했는데 숙소 예약을 못해서 그 다음 주로 바꾸었습니다. 동아리 회원님들께서 많이 참석하셔서 잊을 수 없는 멋진 엠티를 만들었으면 좋겠습니다. 자세한 일정은 홈페이지에서 확인하실 수 있습니다. 아, 그리고 중요한 것을 잊었습니다. 회비는 오만 원입니다. 감사합니다.

03

04 09 여자 : 이번 영문과 전체 엠티는 제주도로 결정된 거 알고 계시지요? 홈페이지에 자세한 일정이 있지만 2박 3일간의 일정을 간단히 소개해 드리겠습니다. 첫째 날은 학교에서 9시에 출발해서 11시 비행기를 타겠습니다. 비행기는 1시간 걸리니까 점심은 제주도에서 먹고 2시 정도부터 식물원과 녹차 박물관을 구경합니다. 둘째 날에는 한라산 등산을 하겠습니다. 9시간 정도 걸리기 때문에 8시에 아침을 먹고 바로 출발할 겁니다. 등산화를 준비하는 것이 좋겠지요? 셋째 날에는 바다에 가겠습니다. 10시에 숙소를 출발해서 공항으로 가기 전까지 수영도 하고 산책도 할 계획입니다. 돌아오는 비행기는 4시 30분 출발입니다. 아 그리고, 모두 아시겠지만 비행기를 타고 가니까 신분증을 꼭 가지고 오셔야 합니다. 감사합니다.

02 엠티 답사를 왔는데요

01

04 11 1. 남자 : 동아리 회원 여러분 안녕하세요? 지난번에 엠티에 대한 설문지를 돌렸는데 많은 회원님들이 답을 해 주셨습니다. 감사드립니다. 설문 결과를 말씀드리면 동아리 엠티 장소로 회원 여러분이 가장 많이 골라 주신 곳은 설악산, 경주, 부산 이 세 곳입니다. 그래서 이 세 곳을 저희가 먼저 다녀온 후에 어디로 갈지 다시 말씀드리겠습니다.

04 12 2. 남자 : 저, 입장료 좀 물어 보려고 하는데요. 대학생도 학생 할인을 받을 수 있습니까?
여자 : 대학생 할인은 없고 만 19세 이하 청소년 할인만 됩니다.
남자 : 그럼 단체 할인은 몇 명부터 되나요?
여자 : 20명 이상이면 단체 할인을 받으실 수 있습니다.

04 13 3. 남자 : 선배님, 제가 이번에 답사를 가게 되었는데 답사를 가서 어떤 것을 알아봐야 해요?
여자 : 숙박시설과 교통편을 알아보고 근처의 유명한 관광지나 유적지를 한 번 확인해 보면 돼.
남자 : 인터넷으로도 찾아볼 수 있는데 가서 알아봐야 해요?
여자 : 인터넷으로 찾아도 되겠지만 직접 가서 보는 것과 다를 수 있으니까 확인하는 게 좋아.

02

04 14 1. 남자 : 여보세요? 속초 관광 안내소지요? 속초 고속버스 터미널에서 설악산으로 가는 버스가 있나요?
여자 : 네, 7번이나 7-1번 시내버스를 타시면 돼요. 시간은 15분에서 20분 정도 걸리고, 배차 시간은 20분이에요.
남자 : 그 버스는 몇 시까지 다녀요?
여자 : 터미널에서 밤 10시에 출발하는 게 막차예요.
남자 : 터미널 앞에서 바로 타면 돼요?
여자 : 아니요, 터미널 건너편에서 타셔야 설악산 쪽으로 가요.

04 15 2. 남자 : 다음 주말에 과 친구들과 엠티를 오려고 하는데, 이 콘도는 1박에 얼마예요?
여자 : 주말 요금이 좀 더 비싸요. 5인실은 하루에 12만 원이고 8인실은 15만 원입니다.
남자 : 5인실하고 8인실은 뭐가 다른가요?
여자 : 8인실에는 화장실이 두 개여서 여러 명이 같이 묵으시기 편해요.
남자 : 부엌은 5인실과 8인실에 모두 있어요?
여자 : 물론이지요. 음식 만들 때 필요한 것도 다 준비되어 있어요.

04 16 3. 남자 : 저, 엠티 답사를 왔는데요. 이 식당 메뉴 좀 볼 수 있을까요?
여자 : 네, 그러세요. 한식 종류는 거의 다 있는데, 손님들은 돌솥비빔밥하고 된장찌개를 좋아하십니다.
남자 : 20명이 같이 들어갈 수 있는 큰 방이 있어요?
여자 : 방은 따로 없지만 식탁이 많으니까 식탁을 붙이면 다 같이 앉으실 수 있어요.
남자 : 저희가 식사를 좀 빨리 해야 하는데요. 식사 예약을 하면 기다리지 않고 식사를 바로 할 수 있을까요?
여자 : 메뉴를 미리 정하시고 시간을 알려 주시면 바로 드실 수 있게 준비해 드립니다.
남자 : 네, 알겠습니다.

04 17 4. 남자(학생) : 저기요, 지금 케이블카를 기다리는 줄이 긴데, 저 정도면 얼마나 기다려야 하나요?
여자(안내소 직원) : 한 시간 정도 기다리셔야 해요. 요즘 관광철이어서 사람이 많아요.
남자(학생) : 항상 이렇게 사람이 많아요? 좀 한가한 때는 없나요?

여자(안내소 직원) : 아침 일찍 오시면 괜찮아요. 케이블카는 오전 7시 30분부터 운행하니까, 그 시간에 오시면 별로 기다리시지 않아도 돼요.

남자(학생) : 저는 다음 주에 올 건데, 다음 주에도 운행하는 시간은 같지요?

여자(안내소 직원) : 네, 겨울철에만 한 시간 늦게 시작해요.

04 18 5. 남자(학생) : 말씀 좀 여쭙겠는데요. 경주에서 가장 유명한 유적지는 어디예요?

여자(안내소 직원) : 유적지가 아주 많은데 그 중에서도 불국사와 석굴암이 제일 유명해요.

남자(학생) : 불국사와 석굴암은 어떤 곳이에요?

여자(안내소 직원) : 모두 신라 때 지은 절이에요. 아주 아름다워요. 그리고 석굴암에서 보는 일출은 정말 멋있어요.

남자(학생) : 불국사와 석굴암에는 어떻게 가요?

여자(안내소 직원) : 시내버스가 불국사 앞까지 가요. 석굴암은 불국사에서 걸어서 가도 되고 순환버스를 타고 가도 돼요. 걸어서 가면 1시간 정도 걸리고, 버스로는 10분 정도 걸려요.

03

04 19 남자 1 : 자, 동아리 회원 여러분, 엠티 장소를 정해야 하는데요. 답사 다녀오신 두 분의 이야기를 들어 보고 결정을 합시다. 먼저 경주에 다녀오신 분의 이야기를 듣겠습니다. 말씀해 주세요.

여자 : 저는 경주에 다녀왔습니다. 경주는 시내 전체가 유적지인데 다른 관광지처럼 시끄럽거나 복잡하지 않고 깨끗하고 조용합니다. 그리고, 대중교통을 이용해서 대부분의 유적지까지 갈 수 있어서 편리합니다. 오락시설이 좀 부족하고 멋진 바닷가는 없지만 놀기 위한 엠티가 아닌 보기 위한 엠티라면 경주는 최고입니다.

남자 1 : 다음은 제주도에 다녀오신 분의 말씀을 듣겠습니다.

남자 2 : 제주도는 산과 바다를 함께 즐길 수 있는 한국 최고의 관광지입니다. 한라산은 한국에 있는 산 중에서 가장 높은 산이고, 계절마다 바뀌는 산의 모습이 아주 아름답습니다. 또한 제주도에 있는 해수욕장은 물도 깨끗하고 바다도 별로 깊지 않아서 해수욕을 즐기기에 아주 좋습니다. 또한 제주도에는 다른 곳에서 먹어 볼 수 없는 특별한 음식들이 많습니다. 섬이기 때문에 비행기나 배로 가야 해서 비용이 많이 들지만, 제주도에 가면 정말 여러 가지를 할 수 있습니다.

제5과 학교시설

01 반납일이 지나면 연체료를 내셔야 합니다

01

05 01 1. 남자 : 책을 좀 빌리고 싶은데 어떻게 해야 합니까?

여자(도서관 직원) : 컴퓨터에서 찾는 책을 검색해 보고 책장에 가서 직접 책을 찾아오시면 됩니다.

남자 : 대출 기간은 얼마나 됩니까?

여자(도서관 직원) : 15일입니다.

05 02 2. 남자 : 저, 실례지만 여기는 제 자리인데요.

여자 : 아, 네. 죄송합니다. 빈자리가 없어서 잠깐 앉았어요.

남자 : 그럼 조금 더 하세요. 저는 곧 수업이 있어서 나갈 거니까요.

여자 : 그래도 괜찮을까요? 정말 고맙습니다.

05 03 3. 남자 : 미선아, 책 다 찾았어?
여자 : 아니. 문학 책은 다 찾았는데, 교육학 책 한 권하고 심리학 논문을 아직 못 찾았어.
남자 : 교육학 책은 아마 3층에 있을 거야. 계단을 올라가면 바로 보일 거야.
여자 : 그렇구나. 혹시 논문은 어디에 있는지 알아?
남자 : 응. 논문은 모두 4층에 있어.

02

05 04 1. 여자(도서관 직원) : 반납이 많이 늦으셨군요.
남자 : 도서관에 올 시간이 없었어요. 죄송합니다.
여자(도서관 직원) : 반납일이 지나면 책 한 권마다 하루에 100원의 연체료를 내셔야 합니다. 열 권이고, 열흘이 지났으니까 모두 10,000원입니다.
남자 : 지금 지갑을 가져 오지 않았는데 어떻게 하지요?
여자(도서관 직원) : 그럼 다음에 빌리실 때 내세요. 하지만 오늘은 대출하실 수 없습니다.
남자 : 알겠습니다. 감사합니다.

05 05 2. 남자 : 여보세요, '신입생을 위한 도서관 견학' 프로그램에 신청하려고 하는데 어떻게 해야 합니까?
여자(도서관) : 도서관 홈페이지에서 '견학신청'을 하시면 되고, 한 번에 20명까지 신청할 수 있습니다.
남자 : 혹시 외국어로도 설명을 들을 수 있습니까?
여자(도서관) : 네, 영어나 다른 외국어로도 안내를 받을 수 있습니다.
남자 : 주로 어떤 내용을 듣게 됩니까?
여자(도서관) : 도서관 시설의 이용 방법과 정보 검색에 대해 설명을 해 드립니다.
남자 : 네. 알겠습니다. 감사합니다.

05 06 3. 남자 : 도서관 안에 공부할 수 있는 열람실이 몇 층에 있습니까?
여자(도서관 직원) : 지하에 24시간 열람실이 있고 5층과 6층에 일반열람실이 있습니다.
남자 : 아무 때나 이용할 수 있습니까?
여자(도서관 직원) : 아니요, 인터넷으로 좌석을 예약하거나 직접 와서 좌석표를 받아야 합니다.
남자 : 3층 자료열람실 안에는 공부하는 곳이 없습니까?
여자(도서관 직원) : 빈자리가 있으면 아무 데나 앉아서 공부할 수 있습니다.

05 07 4. 남자 : 우리 조 발표 준비를 도서관 '세미나룸'에서 하면 어떨까?
여자 : 세미나룸? 우리 조 6명이 다 들어갈 수 있어?
남자 : 응, 8명까지 들어갈 수 있어. 노트북도 이용할 수 있고, 발표 연습까지 할 수 있게 되어 있어.
여자 : 그래? 그런데 미리 예약해야 해?
남자 : 응, 홈페이지에 미리 신청해서 예약하면 돼. 내가 오늘 예약할게.
여자 : 좋아. 내가 음료수하고 과자를 사 갈게.
남자 : 안 돼. 세미나룸 안에는 음식을 가지고 들어갈 수 없어.

05 08 5. 남자 : 잡지도 대출할 수 있습니까?
여자 : 잡지는 대출할 수 없고 자료열람실 안에서만 보실 수 있습니다.
남자 : 그럼 복사는 할 수 있어요?
여자 : 네. 저쪽에 복사실이 있습니다. 복사도 할 수 있고, 무료로 스캔 서비스도 이용할 수 있습니다.
남자 : 몇 시까지 이용할 수 있어요?
여자 : 평일은 오후 8시 30분까지이지만, 오늘은 토요일이어서 자료열람실이 5시에 문을 닫습니다.
남자 : 알겠습니다. 감사합니다.

03

05 09 여자 : 신입생 여러분, 안녕하십니까? 도서관 견학 프로그램을 신청해 주셔서 감사합니다. 성공적인 학교생활을 위한 시작은 도서관을 잘 알고, 100퍼센트 이용하는 것이라고 생각합니다. 잠시 후 도서관의 모든 시설을 직접 가서 보고 이용해 볼 것입니다. 먼저 간단한 설명을 해 드리겠습니다. 우리 도서관은 3개의 건물로 나누어져 있으며, 약 200만 권의 책과 잡지, 전자저널, 전자 도서, 학술 데이터베이스 등 많은 양의 정보를 가지고 있습니다. 먼저 층별로 살펴보면, 2층에는 인문과학열람실이 있고, 3층에는 사회과학열람실과 자연과학열람실이 있습니다. 그리고 6층에는 멀티미디어실과 노트북열람실, 신문열람대가 있습니다. 다음으로는 자료 이용 방법을 설명해 드리겠습니다. 단행본은 홈페이지에서 책의 정보를 검색한 후에 서가에서 책을 찾아 대출하면 되고, 전자도서는 홈페이지에서 대출하면 됩니다. 그러면 2층 인문과학열람실부터 가 보겠습니다. 저를 따라 오십시오.

02 하루나 이틀이면 도착할 거예요

01

05 11 1. 남자 : 저, 편지를 부치려고 하는데요.
여자(우체국 직원) : 번호표를 뽑으셨습니까?
남자 : 아니요. 번호표는 어디에서 뽑아요?
여자(우체국 직원) : 저쪽 입구 쪽에서 번호표를 뽑고 잠시 기다려 주세요.

05 12 2. 남자 : 이 소포를 일본으로 보내려고 하는데 시간이 얼마나 걸립니까?
여자(우체국 직원) : 국제특급으로 보내시면 이틀쯤 걸립니다. 일반우편으로 보내시면 4-5일쯤 걸리고요.
남자 : 그래요? 그럼 별로 급하지 않으니까 일반우편으로 해 주세요.

05 13 3. 남자 : 소포를 보내려고 하는데요, 혹시 물건을 잃어버리지는 않겠지요?
여자(우체국 직원): 비싼 물건이면 보험에 드세요.
남자 : 비싸지 않습니다만 잃어버리면 안 되니까 보험에 들게요. 그럼 얼마예요?
여자(우체국 직원): 보험료까지 모두 삼만 원입니다.

02

05 14 1. 남자 : 일본으로 소포를 보내려고 하는데요.
여자(우체국 직원) : 일반우편으로 보내실 거예요? 아니면 국제특급으로 보내실 거예요?
남자 : 급한 거니까 국제특급으로 해 주세요. 그런데 국제특급은 얼마나 걸려요?
여자(우체국 직원) : 하루나 이틀이면 도착할 거예요. 소포를 저울에 올려놓으세요.
남자 : 요금은 얼마예요?
여자(우체국 직원) : 3kg이니까 22,200원입니다. 이 종이에 주소와 성함, 내용물을 정확하게 써 주세요.

05 15 2. 남자 : 요즘 우체국에서는 여러 가지 다른 일도 많이 하는 것 같아요
여자 : 네, 맞아요. 보험도 들 수 있고 전화요금 같은 것도 낼 수 있어요.
남자 : 그리고 인터넷 쇼핑몰도 있어서 쇼핑도 할 수 있고요.
여자 : 저는 우체국 택배를 많이 이용해요. 직원이 집까지 와서 물건을 가져가니까 참 편해요.
남자 : 직접 우체국에 가서 보내는 것보다 더 비싸지 않아요?
여자 : 아니요, 비슷해요.

🔊 05 16 3. 남자 : 여보세요, 우체국이지요? 제가 부친 소포가 아직 도착하지 않은 것 같은데요. 어떻게 된 건지 알 수 있습니까?

여자(우체국 직원) : 언제 어디로 보내셨습니까?

남자 : 4일 전에 미국으로 책을 보냈습니다.

여자(우체국 직원) : 우체국 인터넷 홈페이지에 들어가시면 보낸 물건이 지금 어디에 있는지 알 수 있습니다. 우편물 번호를 입력하시면 됩니다.

남자 : 네. 알겠습니다. 감사합니다.

🔊 05 17 4. 남자(우체국 배달원) : 여보세요, 김영희 씨시죠?

여자 : 네, 맞습니다. 무슨 일이시죠?

남자(우체국 배달원) : 김영희 씨께 온 우편물이 있는데 댁에 안 계셔서 전화 드렸습니다.

여자 : 아, 그러세요? 제가 오늘 집에 늦게 들어갈 텐데 아파트 관리실에 맡겨 주시겠어요?

남자(우체국 배달원) : 죄송합니다만, 등기우편이라서 직접 받으시고 서명해 주셔야 합니다.

여자 : 그래요? 그럼 내일 오후 3시 이후에 와 주시겠어요?

남자(우체국 배달원) : 네. 알겠습니다. 내일 찾아뵙겠습니다.

🔊 05 18 5. 남자 : 여보세요, 택배를 보내려고 하는데 어떻게 해야 합니까?

여자(택배 회사 직원) : 인터넷이나 전화로 신청하시면 저희 직원이 직접 방문해서 접수해 드립니다.

남자 : 요금은 얼마입니까?

여자(택배 회사 직원) : 상자의 크기와 무게에 따라 다릅니다. 인터넷 홈페이지에 나와 있으니까 확인해 보십시오.

남자 : 혹시 휴일에도 배달이 됩니까?

여자(택배 회사 직원) : 네, 하지만 상자 하나에 2,000원씩 더 내셔야 합니다.

남자 : 네, 알겠습니다. 감사합니다.

03

🔊 05 19 여자(우체국 직원) : 안녕하십니까? 연세우체국입니다.

남자 : 네, 여보세요? 뭐 좀 여쭤보려고 하는데요. 외국으로 노트북을 보낼 수 있습니까?

여자(우체국 직원) : 네, 보낼 수는 있습니다만 물건을 받는 나라에서 세금을 붙일 수도 있고, 잃어버릴 수도 있습니다.

남자 : 그래요? 하지만 급히 꼭 보내야 하는데 어떻게 하지요?

여자(우체국 직원) : 그럼 보험에 가입하시고 보내세요.

남자 : 알겠습니다. 보험료는 얼마예요?

여자(우체국 직원) : 우편 요금 외에 2000원쯤을 따로 내시면 됩니다. 포장을 잘 하셔서 우체국에 가져오세요.

남자 : 네, 알겠습니다. 감사합니다.

제6과 만남

01 학교 앞 횡단보도를 건너면 약국이 있어

01

🔊 06 01 1. 남자 : 밍밍 씨, 왜 아직 안 와요? 저는 아까부터 와서 기다리고 있는데.

여자 : 네? 저도 지금 커피숍에 있는데, 영수 씨 혹시 다른 데 있는 거 아니에요?

남자 : 지하철 1번 출구 앞에 있는 커피숍 아니에요?

여자 : 1번 출구요? 아니에요. 2번 출구로 나와야 해요. 빨리 여기로 오세요.

06 02 2. 남자 : 밍밍 씨, 토요일에 시험 공부하러 도서관에 가려고 하는데 같이 갈래요?
여자 : 좋아요. 저도 다음 주 월요일이 시험이어서 주말에 도서관에 가려고 했어요.
남자 : 늦게 가면 빈자리가 없으니까 아침 일찍 가는 게 어때요?
여자 : 그래요. 7시에 도서관 앞에서 만나요.

06 03 3. (전화 대화)
여자(후배) : 여보세요. 선배님, '경제학' 수업을 같이 듣는 1학년 김미선인데요.
남자(선배) : 그래, 미선이구나. 그런데 웬일이야?
여자(후배) : 모르는 게 있어서요. 혹시 시간 되시면 만나서 좀 여쭈어 봐도 될까요?
남자(선배) : 그래. 오늘 시간 괜찮아. 이따가 과 사무실로 와라.

02

06 04 1. 여자 : 웨이야, 지금 어디야? 왜 이렇게 늦어?
남자 : 미안해. 지금 버스 안에 있는데, 길이 너무 막혀서 버스가 서 있어. 사고가 났나 봐.
여자 : 영화가 시작되려면 이제 15분밖에 안 남았는데 어떻게 하지?
남자 : 미안한데 너 먼저 극장 안에 들어가 있을래? 나도 내리는 대로 빨리 갈게.
여자 : 하지만 내가 네 표까지 가지고 있어서 너는 못 들어와.
남자 : 그렇구나. 그럼 표 받는 곳에 내 표를 맡기고 너는 먼저 들어가면 안 될까?
여자 : 알았어. 그렇게 할게. 아무튼 빨리 와.

06 05 2. 여자(선배) : 웨이야, 이따가 세미나 뒤풀이에 올 거지? 오늘 발표자들하고 과 선후배들이 다 올 거야.
남자(후배) : 네, 선배님. 꼭 가야지요. 그런데 어디에서 해요?
여자(선배) : 우리 과 뒤풀이할 때 항상 가는 '자매 갈비'에서 해.
남자(후배) : 어디인지 잘 모르는데요.
여자(선배) : 찾기 쉬워. 학교 앞 횡단보도를 건너면 약국이 있어. 그 약국 옆 골목으로 들어오면 중국집이 보일 거야.
남자(후배) : 네. 그 중국집에는 한 번 가 본 적이 있어요.
여자(선배) : 그 중국집 오른쪽 옆에 큰 건물이 있는데, 그 건물 2층에 '자매 갈비'가 있어. 6시까지 오면 돼.
남자(후배) : 네. 시간 맞춰서 가겠습니다. 고맙습니다.

06 06 3. 여자 : 여보세요, 김진수 교수님 연구실이지요?
남자(교수님) : 네. 그렇습니다.
여자 : 안녕하세요, 교수님. 저 12학번 장밍밍인데요. 지금 좀 찾아뵙고 싶은데요.
남자(교수님) : 그래, 밍밍. 지금 수업 들어가야 하는데 전화로 하면 안 되나요?
여자 : 제가 외국인 학생에게 주는 장학금을 신청하려고 하는데요. 교수님 추천서가 필요해서 전화 드렸습니다.
남자(교수님) : 그래요? 알았어요. 언제까지 필요하지요?
여자 : 다음 주 금요일까지 해 주시면 됩니다.
남자(교수님) : 그럼 추천서를 써서 과 사무실에 맡겨 놓을게요. 금요일에 찾아가세요.
여자 : 네. 알겠습니다. 감사합니다, 교수님.

06 07 4. 남자 : 우와, 항상 늦게 오는 네가 오늘은 웬일로 일찍 나왔어?
여자 : 뭐? 내가 언제 늦은 적 있어?

남자 : 그럼. 너 자주 늦었지. 알람시계가 고장 나서 늦고, 차가 막혀서 자주 늦었어.
여자 : 음……. 그랬나? 그런데 웨이는 왜 안 오지?
남자 : 아직 약속 시간이 안 됐어. 웨이 별명이 시계니까 절대로 약속 시간에 늦지 않을 거야.
여자 : 그런가? 그런데 이렇게 이른 시간에도 도서관에 사람들이 많구나.
남자 : 다음 주가 시험이어서 다들 새벽부터 오나 봐. 어! 저기 웨이 온다.
여자 : 와, 웨이는 딱 시간 맞춰서 오는구나. 정말 '시계'다 시계.

06 08
5. 여자 : 민우야, 다음 주 토요일에 우리 기숙사 오픈 하우스 하는데 올래?
남자 : 그래? 남자도 기숙사에 들어갈 수 있어?
여자 : 응. 보통 때는 들어올 수 없지만 그날만은 남자들도 들어올 수 있어. 예쁜 방 콘테스트도 하고 요리대회도 할 거야.
남자 : 우와, 재미있겠다. 너희는 어떤 요리를 할 거야?
여자 : 우리 방은 비빔국수와 주먹밥을 만들 거고, 다른 방 사람들은 스파게티, 샌드위치, 떡볶이 같은 걸 만들 거야.
남자 : 다 맛있겠다. 과 친구들이 많이 가도 되지?
여자 : 물론이지. 초대 가수도 올 거니까 신나게 놀 수 있을 거야.
남자 : 알았어. 다른 친구들에게는 내가 연락할게. 그 날 보자.

03

06 09
남자 : 미선아, 시험 잘 봤어? 이제 기말시험 다 끝났지?
여자 : 응. 이제 시험은 다 잊어버리고 봉사 활동 계획 좀 세워 보자.
남자 : 그래. 지난 방학 때 갔던 고아원의 아이들이 생각난다. 참 좋은 경험이었어. 우리 둘 다 7월에는 바쁘니까 6월에 갔다 와야겠지?
여자 : 그래. 그런데 오늘이 벌써 9일이야. 나는 22일부터 아르바이트를 시작해.
남자 : 그래? 나도 이번 주말에는 친척들 모임이 있어서 힘들 것 같아. 다음 주 월요일부터는 괜찮은데. 너는 어때?
여자 : 나도 괜찮아. 그럼 이번에도 3일 동안 가는 것으로 하자. 어제 고아원에 전화해 봤는데 언제든지 환영한다고 했어.
남자 : 좋아. 이번에는 아이들하고 같이 할 수 있는 놀이도 준비해 가야겠어.
여자 : 나는 아이들에게 마술을 보여 주겠다고 약속했었으니까 마술 연습을 해야겠다.
남자 : 좋아. 그럼 오늘 고아원에 전화해서 그 때 가겠다고 말씀드릴게.

02 내일 저녁 모임이 취소됐어요

01

06 11
1. 남자(친구) : 여보세요, 미선아, 미안한데 나 지금 도서관에 같이 못 갈 것 같아. 너 먼저 갈래?
여자(친구) : 왜? 무슨 일이 생겼어?
남자(친구) : 교수님을 뵈어야 하는데 교수님께서 바쁘셔서 아직 못 뵈었어. 1시간쯤 늦을 것 같아.
여자(친구) : 그래? 그럼 나 먼저 갈게. 이따가 다시 전화해.

06 12
2. (전화 음성메시지 소리)
여자 : 안녕하세요? 영수 씨, 저 밍밍인데요, 전화 통화가 안 돼서 메시지 남겨요. 내일 저녁에 하기로 한 동기 모임이 취소됐어요. 연극 수업을 듣는 친구들이 내일 공연을 보러 가야 한다고 해요. 모임 날짜는 나중에 다시 결정하기로 해요. 그럼, 안녕히 계세요.

06 13 3. 남자 : 여러분, 이번 주 토요일 세미나에 참석하기로 한 교수님께서 갑자기 외국에 가야 하셔서 못 오신다고 합니다. 다음 주에 돌아오신다고 하는데 어떻게 하면 좋을까요?
여자 : 그럼, 세미나를 다음 주로 미루는 것이 어떨까요? 교수님께서 계시는 것이 좋을 것 같은데요.
남자 : 그래요? 그럼 제가 다시 교수님께 언제 시간이 되시는지 여쭈어 보고 날짜를 다시 잡아서 연락해 드리겠습니다.

02

06 14 1. 남자 : 여보세요, 밍밍 씨. 우리는 먼저 음식을 주문했어요. 밍밍 씨 많이 늦어요?
여자 : 미안해요. 제가 오늘 다른 약속이 있는 걸 깜박하고 약속을 잡았어요. 저는 이따가 2차에 갈게요.
남자 : 그래요? 밍밍 씨가 술을 안 마셔서 밍밍 씨가 오면 2차를 어디로 갈지 결정하려고 했는데요. 어디 가고 싶은 데 있어요?
여자 : 저는 술은 안 마시지만 술집에서 친구들하고 이야기하는 건 좋아해요. 저는 아무 데나 다 좋아요.
남자 : 그럼 노래방 좋아해요? 친구들이 노래방에 가자고 하는데요.
여자 : 네, 좋아요. 이따가 장소 결정되면 문자 주세요.

06 15 2. 여자(후배) : 여보세요, 선배님. 안녕하세요, 저 미선이에요.
남자(선배) : 그래, 미선이구나. 오랜만이다. 그런데 웬일이야?
여자(후배) : 이번 금요일에 학회 발표회가 있는데, 선배님 오실 수 있으세요?
남자(선배) : 이번 금요일? 몇 시에 시작하는데?
여자(후배) : 발표는 3시에 시작하고요, 발표회 끝나고 뒤풀이는 6시에 할 거예요.
남자(선배) : 그래? 어떡하지. 그날 선약이 있어서 갈 수가 없는데.
여자(후배) : 새내기들도 많이 오고, 이번에 발표 내용도 아주 재미있을 거니까 늦게라도 꼭 오세요.
남자(선배) : 알았어. 그럼 혹시 선약을 취소하거나 바꿀 수 있는지 연락해 보고 전화해 줄게.
여자(후배) : 네. 기다리겠습니다.

06 16 3. 남자 : 너 혹시 조교한테서 문자 받았어?
여자 : 아니? 못 받았는데. 무슨 일 있어?
남자 : 내일 국제학 수업이 휴강이라고 해. 최 교수님께서 편찮으셔서 나올 수 없으시다고 해.
여자 : 그래? 그럼 최 교수님께 내일까지 보고서를 내야 하는데 어떻게 제출해야 돼?
남자 : 내일 오후 7시까지 사무실 조교 책상 위에 갖다 놓으라고 했어. 그리고 시험은 다음 주로 미루어졌어.
여자 : 그렇구나. 넌 보고서 다 썼어?
남자 : 아니. 아직 정리를 더 해야 해. 참, 조교가 시간 늦으면 받지 않을 거라고 했어.
여자 : 알았어. 고마워. 그럼 내일 보자.

06 17 4. 여자 : 안녕하세요? 박민우 씨시죠? 전 미선이 친구 밍밍이에요.
남자 : 아 네. 안녕하세요. 방금 미선이한테서 전화 받았어요.
여자 : 미선이가 급한 일이 생겨서 제가 대신 왔어요. 약속을 지키지 못해서 정말 미안하다고 전해 달라고 했어요. 그리고 이거 전해 드리라고 부탁한 책이에요.
남자 : 고맙습니다. 이것 때문에 오시게 해서 죄송해요.
여자 : 아니에요. 마침 저도 이 근처에서 약속이 있어서 제가 갖다 드리겠다고 했어요.
남자 : 네, 감사합니다. 미선이한테 밍밍 씨 얘기는 많이 들었어요. 두 분이 아주 친하다고 들었어요.
여자 : 저도 미선이한테 민우 씨가 아주 재미있고 친절한 분이라는 이야기를 날마다 듣고 있어요.
남자 : 아 그러세요? 그럼 다음에 셋이서 식사나 한 번 하지요.

여자 : 네. 좋아요. 그럼 다음에 봬요.

06 18 5. 남자 : 여보세요, 미선이 어머니, 안녕하세요? 저 미선이 친구 왕웨이인데요.
여자(미선 어머니) : 그래. 웨이구나. 그런데 미선이는 아직 집에 안 왔다. 오늘 아르바이트가 늦게 끝난다고 했어.
남자 : 그렇군요. 그럼 미선이가 들어오면 저한테 전화하라고 해 주시겠어요? 계속 통화가 안 돼서요.
여자(미선 어머니) : 미선이가 오늘 휴대전화를 집에 놓고 갔어. 그런데 오늘 무슨 일이 있니? 친구들이 오늘 미선이를 많이 찾는구나.
남자 : 네. '한국 역사' 수업에서 저희 조 발표 순서가 앞당겨졌어요. 내일 모여서 이야기를 해야 돼요.
여자(미선 어머니) : 그래? 급한 일이면 아르바이트 하는 곳에 전화해 보지 그러니? 전화 번호를 가르쳐 줄까?
남자 : 아니에요. 이따가 이야기해도 돼요. 그럼 안녕히 계세요.
여자(미선 어머니) : 그래. 들어오면 전화하라고 전해줄게.

03

06 19 남자 : 안녕하세요, 여러분. 늦은 시간인데 모두 이렇게 급히 모이라고 한 이유는 다음 달에 있을 우리 공연에 대해 몇 가지 말씀드릴 것이 있어서입니다. 우리는 6월 25일에 정기 공연이 예정되어 있어서 날마다 열심히 연습하고 있습니다. 그런데 우리가 공연하기를 원하는 학생회관 극장에 연락을 해 보니까 6월은 모든 날짜가 이미 예약되어 있었습니다. 우리 공연 날에는 국어국문학과 논문발표회가 있다고 합니다. 5월이나 7월에는 날짜 예약이 가능한데 5월에 공연하기에는 시간이 너무 부족하고, 7월에 하는 것에 대해서는 어떻게 생각하는지 모두의 의견이 궁금합니다. 또 학생회관 극장은 여러 시설이 잘 갖추어져 있고 또 지금까지 해 오던 장소라서 모두가 원하는 곳이기는 한데, 혹시 대강당에서 공연을 하는 것에 대해서는 어떻게 생각하는지 말씀해 주시기 바랍니다.

제7과 일상생활

01 파마 좀 하려고 하는데요

01

07 01 1. 여자(손님) : 저, 여기서 교통카드 충전할 수 있나요?
남자(점원) : 네, 얼마나 충전해 드릴까요?
여자(손님) : 만 원이요. 아, 그리고 접는 우산 있어요?
남자(점원) : 네, 가운데 줄 뒤쪽으로 가시면 있어요.

07 02 2. 여자(손님) : 아저씨, 구두 굽 좀 갈 수 있을까요?
남자(구두수선소 아저씨) : 네, 이쪽으로 앉아서 이 슬리퍼로 갈아 신으세요. 그리고 구두는 벗어서 주세요.
여자(손님) : 지금 신고 있는 구두 말고 여기 쇼핑백에 가져 온 건데요. 맡겨 놓고 가도 되지요?
남자(구두수선소) : 네, 그러세요.

07 03 3. 여자(손님) : 지금 드라이클리닝 맡기면 언제 찾을 수 있어요?
남자(세탁소 아저씨) : 모레 아무 때나 찾으러 오세요.
여자(손님) : 모레 입고 나가야 되는데 내일 저녁까지 안 될까요?
남자(세탁소 아저씨) : 급한 거면 내일 저녁까지 해 드릴게요. 저녁 7시 이후에 오세요.

02

07 04 1. 여자(손님) : 파마 좀 하려고 하는데요. 많이 기다려야 해요?
남자(미용사) : 네, 지금 손님이 많아서 좀 기다리셔야 할 것 같은데요.
여자(손님) : 그런데 오늘 왜 이렇게 기다리는 사람이 많아요?
남자(미용사) : 오늘 선생님 두 분이 휴가 가셔서 일이 좀 밀렸어요. 그리고 토요일에는 손님이 좀 더 많아요.
여자(손님) : 그래요? 그럼 예약하고 다른 곳에 갔다가 와도 될까요?
남자(미용사) : 그렇게 하세요. 어느 선생님으로 예약해 드릴까요?
여자(손님) : 계속 박 선생님한테 했으니까 박 선생님으로 해 주세요.

07 05 2. 여자(미용사) : 어서 오세요. 오래간만에 오셨네요. 오늘은 어떻게 해 드릴까요?
남자(손님) : 좀 다듬고 염색을 하려고요.
여자(미용사) : 염색은 어떤 색깔로 하실 거예요?
남자(손님) : 저는 자연스러운 색으로 하고 싶은데 어떨까요?
여자(미용사) : 밝은 색도 잘 어울리실 것 같은데, 한 번 해 보시는 게 어때요?
남자(손님) : 요즘 밝은 색이 유행이에요?
여자(미용사) : 아니요, 특별히 유행하는 색은 없어요.
남자(손님) : 그럼, 그냥 자연스러운 색으로 해 주세요.

07 06 3. 여자(손님) : 드라이클리닝 맡긴 것 찾으러 왔는데요.
남자(세탁소 아저씨) : 성함이 어떻게 되시지요?
여자(손님) : 김미선이에요.
남자(세탁소 아저씨) : 바지 하나 맞으시지요?
여자(손님) : 아니에요, 셔츠도 한 벌 맡겼는데요. 그 때 돈도 미리 드리고 갔어요.
남자(세탁소 아저씨) : 그래요? 잠깐만요. 김미선 씨, 5월 21일 바지 한 벌, 셔츠 한 벌로 쓰여 있군요. 그런데 셔츠가 아직 안 됐는데요.
여자(손님) : 어, 그거 오늘 저녁에 입어야 해요.
남자(세탁소 아저씨) : 이거 정말 죄송합니다. 바지 한 벌만 맡기고 가신 줄 알았어요.
여자(손님) : 할 수 없지요, 뭐. 내일 다시 올게요.

07 07 4. 남자(편의점 주인) : 편의점에서 아르바이트를 한 경험이 있어요?
여자(학생) : 아니요, 처음이에요. 하지만 학교 매점에서 근로 장학생으로 아르바이트를 한 적이 있어요.
남자(편의점 주인) : 편의점 아르바이트는 학교 매점 일에 비해서 일하는 시간도 길고 청소나 쓰레기 버리는 일 같은 것도 하는데 괜찮겠어요?
여자(학생) : 학교 아르바이트보다 더 힘들 거라는 생각은 하고 있습니다.
남자(편의점 주인) : 좋아요. 그럼 같이 일해 봅시다.
여자(학생) : 네, 열심히 하겠습니다.

07 08 5. 남자 : 편의점에서 아르바이트 하기가 어때? 오랫동안 서 있어서 힘들지 않아?
여자 : 힘들기는 하지만 나는 좀 한가한 시간에 일을 해서 손님이 없으면 잠깐 앉아 있을 수 있어서 괜찮아.
남자 : 아르바이트 때문에 잠을 조금밖에 못 잘 것 같은데, 수업시간에 졸지는 않아?
여자 : 아직까지 그런 적은 없었어. 가끔 점심시간 후에는 졸리기도 하는데 그건 아르바이트 때문은 아닌 것 같아.

남자 : 아르바이트 시작한 후에 한국말은 좀 늘었어?
여자 : 처음에는 발음이 나빠서 손님들이 다시 물어 볼 때가 많았는데, 이제는 좀 괜찮아졌어. 특히, 듣기가 많이 좋아진 것 같아.
남자 : 잘 됐다. 이제 손님들이 너를 한국 사람인 줄 알겠다. 그런데, 나도 그 아르바이트 할까 하는데 할 수 있을까?
여자 : 나도 하는데, 네가 왜 못 하겠어? 충분히 할 수 있지.

03

07 09
여자 : 여보세요, '하얀 빨래방'이지요? 인터넷 광고 보고 전화했습니다. 운동화를 세탁하고 싶은데 어떻게 하면 되나요?
남자 : 주소를 알려 주시면 저희가 가서 가져오고 세탁이 끝나면 다시 가져다 드립니다. 물론 직접 오셔서 운동화를 맡기고 가셔도 됩니다.
여자 : 그런데 몇 시부터 몇 시까지 해요?
남자 : 오전 9시부터 저녁 8시까지 합니다.
여자 : 세탁비는 어떻게 돼요?
남자 : 일반 운동화는 3천 원이고 가죽 운동화는 4천 원입니다. 세탁비는 물건을 맡기실 때 주시면 됩니다.
여자 : 세탁 시간은 얼마나 걸려요?
남자 : 하루나 이틀이면 됩니다.
여자 : 여기 한국 오피스텔인데 거기에 어떻게 가면 돼요?
남자 : 한국 오피스텔 앞에 있는 버스정류장에서 마을버스 11번을 타세요. 세 번째 정류장에서 내려서 길을 건너면 바로 왼쪽에 저희 '하얀 빨래방'이 있어요.

02 카드 분실 신고를 하려고 하는데요

01

07 11
1. 여자 : 고객 여러분 잠시 안내말씀 드리겠습니다. 3층 숙녀복 매장에서 블라우스를 사시고 놓고 가신 고객님을 찾고 있습니다. 블라우스는 매장에 보관되어 있으니 안내방송을 들으시는 대로 물건을 구입하신 매장으로 오셔서 찾아 가시기 바랍니다. 감사합니다.

07 12
2. 남자 : 잠시 안내말씀 드리겠습니다. 우리 도서관은 다른 도서관에 비해서 이용객이 많습니다. 따라서 사람이 많이 오고 가기 때문에 물건이 없어지는 일이 발생할 수 있으니 조심해 주십시오. 잠시 자리를 비울 때도 지갑이나 귀중품은 자리에 놓고 가지 마시고 가지고 다니시거나 층마다 준비되어 있는 사물함을 이용하시기 바랍니다. 감사합니다.

07 13
3. 남자 : 기숙사 관리실에서 분실물에 대한 안내 말씀 드리겠습니다. 현재 관리실에는 주인이 찾아가지 않은 분실물이 보관되어 있습니다. 작게는 머리핀에서부터 크게는 자전거까지 여러 종류의 물건이 있는데, 계속 찾아가지 않아 너무 많은 물건이 쌓이고 있기 때문에 관리실에 보관할 수 없습니다. 이 달 31일까지 찾아가지 않으시면 모두 정리할 예정이니 오셔서 확인하고 찾아 가시기 바랍니다. 감사합니다.

02

07 14
1. 남자 : 밍밍아, 너 왜 그래? 무슨 일 있어?
여자 : 지하철에다 가방을 놓고 내렸는데, 어떻게 하지?

남자 : 가방에 지갑도 들어 있어?
여자 : 응. 돈은 별로 많지 않아서 괜찮은데 신용카드가 들어 있어.
남자 : 그럼 우선 신용카드 분실 신고부터 하고 지하철역 분실물 센터에 가서 가방을 찾아보자.
여자 : 그래. 그런데 신용카드 분실 신고는 어디에 하면 돼?
남자 : 카드 회사에 네가 직접 전화를 걸어서 신고하는 게 제일 빨라. 참, 휴대전화는? 휴대전화도 신고해야 돼.
여자 : 다행히 휴대전화는 주머니에 있어서 안 잃어버렸어.

07 15 2. 남자(직원) : 여보세요, 한국 카드회사입니다. 무엇을 도와 드릴까요?
여자 : 아, 저 카드 분실 신고를 하려고 하는데요.
남자(직원) : 네, 성함하고 주민등록번호나 외국인등록증번호를 말씀해 주시겠습니까?
여자 : 이름은 장밍밍이고요, 외국인등록증번호는 930418-6390165입니다.
남자(직원) : 네, 감사합니다. 분실신고를 접수했습니다. 카드를 언제 분실하셨습니까?
여자 : 오늘 오전 10시쯤 지하철에 가방을 놓고 내렸어요.
남자(직원) : 네, 고맙습니다. 카드 사용을 확인해 드리겠습니다. 마지막 사용하신 날짜는 8월 12일 오후 4시 연세대학교 매점인데, 맞으십니까?
여자 : 네, 맞습니다.

07 16 3. 여자 : 어, 웨이야, 안경 바꿨구나.
남자 : 응. 안경을 잃어버려서.
여자 : 아니, 어디서?
남자 : 도서관에서 안경 벗고 잠깐 잤는데 일어나 보니까 안경이 없어졌어.
여자 : 자기 눈에 맞지도 않는 안경을 누가 가져가지도 않았을 거고 바닥에 떨어뜨린 거 아니야? 바닥을 찾아봤어?
남자 : 찾아보기는 했는데 안경을 안 쓰면 하나도 안 보이니까 찾을 수가 없었어. 그래서 안경 가게에 가서 안경부터 새로 만들었어.
여자 : 그래, 잘 했어. 잃어버린 안경을 찾아도 안경은 하나 더 가지고 있는 것도 좋아. 그런데, 안과에 가지 않아도 안경을 새로 할 수 있어?
남자 : 응, 안경가게에서 다 해 줘. 시간도 30분 정도밖에 안 걸렸어. 이제 잘 보이니까 도서관에 가서 다시 찾아보고 없으면 경비실에도 한 번 가 보려고. 내일 보자.
여자 : 응, 잘 찾아 봐.

07 17 4. 남자(주유소 직원) : 얼마나 넣어 드릴까요?
여자 : 만 원어치요.
남자(주유소 직원) : 스쿠터가 아주 귀엽네요. 그런데 스쿠터가 작고 가벼워서 잃어버리기 쉬워요.
여자 : 네, 맞아요. 우리 학교 기숙사에 사는 친구도 잃어버렸어요. 그래서 저도 좀 걱정이 돼요.
남자(주유소 직원) : 제일 좋은 방법은 집 안에 가져다 놓는 거예요.
여자 : 저는 기숙사에 사는데요. 기숙사 방에는 못 가지고 들어가요.
남자(주유소 직원) : 기숙사 방은 안 되지요. 그래도 밖에 그냥 놓는 것은 위험해요.
여자 : 학교에 스쿠터 보관소가 있었으면 좋겠어요. 학교에 만들어 달라고 부탁해야겠어요.

07 18 5. 여자(승객) : 저, 비행기 자리에다가 여권을 놓고 내린 것 같은데 어떻게 하지요?
남자(공항 직원) : 여권이 없으면 입국이 안 되십니다. 빨리 비행기로 돌아가셔서 여권을 찾아오세요.
여자(승객) : 그 비행기가 아직 공항에 있나요?
남자(공항 직원) : 어느 비행기를 타고 오셨어요?

여자(승객) : 대한항공이요. 북경에서 출발한 거요.
남자(공항 직원) : 제가 연락을 해서 비행기가 아직 공항에 있으면 비행기 안을 찾아 봐 달라고 부탁을 하겠습니다. 손님께서는 빨리 아까 내렸던 곳으로 가세요.
여자(승객) : 네, 알겠습니다. 고맙습니다.

03

07 19
여자 : 웨이야, 여권을 잃어버렸는데 어떻게 해야 하지?
남자 : 일단 분실 신고를 하고 재발급을 받아야 해.
여자 : 그럼 대사관에 가서 하면 돼?
남자 : 재발급은 대사관에서 해 주지만 먼저 경찰서에 가서 분실 신고를 하고 분실 신고 증명서를 받아야 해.
여자 : 그 다음에 대사관에 가는 거야?
남자 : 응, 분실 신고서를 가지고 대사관에 가서 여권 재발급 신청을 하면 돼.
여자 : 경찰서에서 분실 신고 하는 것은 복잡하지 않아?
남자 : 분실 신고서에다 어디서 어떻게 하다가 잃어버렸는지를 적고 이름하고 주소 같은 것을 적으면 돼.
여자 : 응, 알았어. 고마워. 그런데 여권을 재발급 받으려면 얼마나 걸리는지 알아?
남자 : 그건 대사관마다 다른 것 같아. 아무리 오래 걸려도 2주면 될 거야.

제8과 공공시설

01 오늘 이 병원에 처음 왔는데요

01

08 01
1. 여자(환자) : 선생님, 눈병에 안 걸리려면 어떻게 해야 해요?
남자(의사) : 눈병에 걸리지 않으려면 우선 손을 깨끗이 씻어야 합니다. 그리고 눈을 만지거나 비비지 말아야 합니다. 눈병에 걸리면 바로 병원에 가서 치료를 받고 가족 중에 눈병에 걸린 사람이 있으면 수건이나 비누 등을 따로 써야 합니다.

08 02
2. 여자(기자) : 김 박사님, 요즘 독감이 유행인데 이번 독감은 어떻습니까?
남자(의사) : 이번 독감도 보통 감기와 크게 다르지 않습니다. 그런데 보통 감기 증세에 비해서 열이 많이 납니다. 38도 이상의 고열이 나면 병원으로 가서 진찰을 받아야 합니다. 또한 독감은 증세가 갑자기 심해지기 때문에 아프기 시작했을 때 바로 치료를 받는 것이 중요합니다.

08 03
3. 남자(기자) : 선생님, 독감 예방 주사는 언제 맞는 것이 좋나요?
여자(의사) : 독감 예방 주사는 맞은 후 2주 정도 지나야 효과가 있습니다. 그러니까 독감이 유행하기 2주 전에는 맞아야 합니다. 한국에서는 11월 말 정도부터 독감이 유행하니까 10월 말에서 11월 초 정도에 맞으면 됩니다. 너무 일찍 맞으면 나중에 효과가 떨어질 수 있으니까 너무 일찍 맞는 것도 좋지 않습니다.

02

08 04
1. 여자 : 저, 오늘 처음 이 병원에 왔는데요. 어떻게 하면 되지요?
남자(병원 직원) : 먼저 번호표를 뽑으신 후에 이 진료신청서를 써서 저쪽에 내세요.
여자 : 저, 죄송하지만 진료신청서는 어떻게 써요?
남자(병원 직원) : 이름과 생년월일을 쓰시고, 처음 오셨으니까 초진에다가 체크하세요.
여자:왼쪽 귀가 아픈데 어느 과로 가야 해요?

남자(병원 직원) : 이비인후과로 가시면 됩니다.
여자 : 이 아래에 있는 '증상'에는 뭘 써요?
남자(병원 직원) : 간단하게 어떻게 아픈지 쓰시면 됩니다.

08 05 2. 여자(병원 직원) : 세브란스병원입니다.
남자 : 네, 저 예약을 좀 바꾸려고 하는데요.
여자(병원 직원) : 성함하고 생년월일을 말씀해 주십시오.
남자 : 왕웨이, 1993년 9월 25일입니다.
여자(병원 직원) : 7월 8일 오전 10시에 내과로 예약되셨네요. 예약을 어떻게 바꾸어 드릴까요?
남자 : 그 다음 주 같은 요일로 해 주실 수 있나요?
여자(병원 직원) : 네, 괜찮습니다. 시간은 오후 3시 괜찮으십니까?
남자 : 오전에는 안 되나요?
여자(병원 직원) : 오전은 예약이 다 찼습니다.
남자 : 그럼 그 시간으로 해 주세요.

08 06 3. 여자(병원 직원) : 왕웨이님, 이걸 가지고 가셔서 수납을 하신 후에 처방전을 받으세요.
남자 : 수납이라고 쓰여 있는 곳에 가서 돈을 내면 되는 건가요?
여자(병원 직원) : 네, 맞습니다. 돈을 내시면 처방전을 드릴 거예요. 그 처방전을 가지고 가까운 약국에 가셔서 약을 사세요.
남자 : 병원에서는 살 수 없나요?
여자(병원 직원) : 네, 좀 불편하셔도 밖에 있는 약국에서 사셔야 합니다.
남자 : 아무 약국이나 괜찮습니까?
여자(병원 직원) : 네, 어느 약국이든 관계없지만 이 병원 근처에 있는 약국에 가시는 게 편리하실 거예요.

08 07 4. 여자(약사) : 왕웨이 님, 약 나왔습니다.
남자 : 네.
여자(약사) : 약 설명을 좀 드리겠습니다. 약은 3일분입니다. 약이 두 종류인데, 이 알약은 하루 두 번씩 아침과 저녁 식후 30분에 드세요. 그리고 이 물약은 한 숟가락씩 하루 세 번 식사하시기 전에 드세요.
남자 : 물약은 왜 밥 먹기 전에 먹어요?
여자(약사) : 이 물약은 위를 보호해 주는 약입니다. 이 약을 먹고 식사를 하시면 속이 불편하지 않으실 거예요. 그런데 이 물약을 먹으면 조금 졸리니까 운전을 하셔야 할 때는 드시지 마세요.
남자 : 네, 알겠습니다. 약 값은 얼마지요?
여자(약사) : 삼천팔백 원입니다.
남자 : 여기 있습니다. 안녕히 계세요.

08 08 5. 여자 : 저, 장밍밍이라고 하는데요. 여기서 수술 전 안내를 받으라고 해서 왔습니다.
남자(의사) : 네, 수술하시기 전날 어떻게 하셔야 하는지 말씀드리겠습니다. 수술 전날에는 식사를 하시고 밤 10시 이후에는 아무것도 드시지 마세요.
여자 : 물도 마시면 안 돼요?
남자(의사) : 네, 물도 드시지 마시고 약도 드시지 마세요. 그리고 수술하는 날 아침에 간단하게 샤워하시고 화장이나 액세서리를 하지 마시고 병원으로 오세요.
여자 : 몇 시까지 와야 되지요?
남자(의사) : 8시까지 오셔서 기다리시면 됩니다.
여자 : 수술은 얼마나 걸리나요?

남자(의사) : 보통 한 시간 반 정도 걸립니다.
여자 : 네, 감사합니다.

03

08 09 (전화 대화)
남자(학생) : 저, 학교 건강센터지요? 뭐 좀 여쭤 보려고 하는데요.
여자(건강센터 직원) : 네, 말씀하세요.
남자(학생) : 제가 축구하다가 넘어져서 발목을 삐었는데, 건강센터에서 치료받을 수 있나요?
여자(건강센터 직원) : 네, 이쪽으로 오시면 정형외과 선생님께서 엑스레이 사진을 찍고 진찰해 주십니다. 수술할 정도로 크게 다치지 않으셨으면 건강센터에서 치료받으실 수 있습니다.
남자(학생) : 네, 알겠습니다. 그런데, 진료를 받으려면 뭐가 있어야 해요? 의료 보험증을 가지고 가야 하나요?
여자(건강센터 직원) : 학생증만 가지고 오시면 됩니다.
남자(학생) : 예약을 안 해도 되나요?
여자(건강센터 직원) : 예약은 받지 않습니다. 오시는 대로 진료 받으시면 됩니다.
남자(학생) : 저, 건강센터는 토요일에도 하나요?
여자(건강센터 직원) : 아니요, 토요일과 일요일에는 하지 않습니다.
남자(학생) : 저, 죄송한데요. 진료비는 어떤가요?
여자(건강센터 직원) : 진료 과마다 다르지만 일반 병원보다는 쌉니다.
남자(학생) : 네, 고맙습니다.

02 전시물에 대한 설명을 듣고 싶어요

01

08 11 1. 남자 : 저, 여기서 자전거를 빌려 주나요?
여자(자전거대여소 주인) : 네, 남성용, 여성용 뭐 여러 종류가 있으니까 원하시는 걸로 하세요.
남자 : 두 사람이 같이 타는 자전거도 있어요?
여자(자전거대여소 주인) : 네, 있어요. 저 쪽에 있으니까 골라 보세요.

08 12 2. 남자 : 저, 이 박물관은 쉬는 날이 언제예요?
여자(박물관 직원) : 1월 1일과 매주 월요일은 휴관일입니다.
남자 : 몇 시부터 몇 시까지 여나요?
여자(박물관 직원) : 평일에는 오전 10시부터 오후 9시까지이고 주말에는 6시까지입니다.

08 13 3. 남자 : 박물관 전시물에 대한 설명을 듣고 싶은데요. 어떻게 하면 돼요?
여자(박물관 직원) : 2시부터 해설이 시작되니까 선생님 설명을 들으시면 됩니다.
남자 : 제가 한국말을 잘 못 하는데요.
여자(박물관 직원) : 그럼 여기 있는 음성 안내기를 이용하시면 됩니다. 한국어, 영어, 일어, 중국어 중에서 선택해서 들으실 수 있습니다.

02

08 14 1. 남자 : 이 공원에 테니스장이 있나요?
여자(공원 안내소 직원) : 네, 공원 후문 쪽에 있습니다.
남자 : 테니스장은 아무 때나 이용할 수 있어요?

여자(공원 안내소 직원) : 아닙니다. 하루 전에 예약하셔야 합니다.

남자 : 이용료는 어떻게 돼요?

여자(공원 안내소 직원) : 1시간에 팔천 원입니다. 주말에는 2천원 더 비쌉니다.

남자 : 샤워 시설은 되어 있어요?

여자(공원 안내소 직원) : 샤워장은 없고 옷을 갈아입으실 수 있는 탈의실은 있습니다.

남자 : 네, 알겠습니다. 감사합니다.

08 15

2. 남자 : 이 박물관은 입장료가 무료라고 들었는데 맞나요?

여자(박물관 안내) : 네, 맞습니다. 특별전이 아닌 일반 관람은 무료입니다.

남자 : 그럼, 그냥 들어가면 돼요?

여자(박물관 안내) : 아닙니다. 입장료를 받지 않지만 매표소에서 무료 관람권을 받아가지고 입장하셔야 합니다.

남자 : 무료인데 왜 관람권을 가지고 들어가야 해요?

여자(박물관 안내) : 몇 명이 입장했는지 알기 위해서 관람권을 드리고 있습니다. 너무 많은 인원이 입장하면 사고가 날 수도 있으니까요.

남자 : 그럼 단체관람객도 무료 관람권을 받아서 들어가면 되는 거지요?

여자(박물관 안내) : 네, 그런데 단체 관람객은 1주일 전에 예약해야 관람하실 수 있습니다.

08 16

3. 남자 : 밍밍아, 우리 다음 주에 월드컵 공원에 갈까?

여자 : 월드컵 공원? 거기에 뭐가 있는데?

남자 : 인터넷으로 보니까, 체육시설도 여러 가지 있고, 산책로도 아주 좋았어. 그리고 월드컵 경기장에는 극장도 있어.

여자 : 너는 가 보지도 않았는데 어떻게 좋은지 알아?

남자 : 사진을 보니까 산책로가 아주 아름답고 축구장이랑 농구장도 있었어. 그리고 자전거 도로도 아주 잘 되어 있나 봐. 자전거 타는 사진도 많았어. 우리도 가서 자전거 타자.

여자 : 거기에 있는 극장은 커?

남자 : 응. 상영관이 11개나 있는 큰 극장이야.

여자 : 그래? 그럼 극장에 가서 영화나 보자.

08 17

4. 여자(박물관 안내원) : 안녕하십니까? 여러분. 김치 박물관에 오신 걸 환영합니다. 저는 오늘 설명을 맡은 최수미입니다. (박수 소리-짝짝짝) 자 여러분, 제가 질문 하나 드리겠습니다. 요즘 한국 사람들이 김치를 어떻게 보관합니까?

남자1(관람객) : 집집마다 김치냉장고를 사용해요.

여자(박물관 안내원) : 네, 맞아요. 김치냉장고나 냉장고에 보관합니다. 김치는 냉장고처럼 서늘한 곳에서 보관해야 하는데 옛날 사람들은 어떻게 보관했을까요?

남자2(관람객) : 옛날에도 냉장고 비슷한 것이 있었나요?

여자(박물관 안내원) : 네, 있었어요. 땅에 묻으면 냉장고처럼 서늘한 온도가 되어서 김치를 보관할 수 있었어요.

남자1(관람객) : 그럼 그냥 땅 속에 묻었나요?

여자(박물관 안내원) : 네, 여기 보이는 것처럼 그냥 땅에 묻기도 했고 작은 집을 지어서 여름에는 햇볕을 막아 주고 겨울에는 바람을 막아 주었습니다.

08 18

5. 남자 : 저, 제가 민속촌에 처음 왔는데요. 민속촌에 있는 각 지방 집에 대해서 좀 설명해 주실 수 있나요?

여자(민속촌 안내) : 한국 전통 집은 북부지방 집, 중부지방 집, 남부지방 집으로 나눌 수 있습니다. 북부 지방은 겨울에 추우니까 마루가 좁고 남부 지방은 북부지방보다 더우니까 마루가 넓습니다.

남자 : 중부 지방 집은요?
여자(민속촌 안내) : 중부 지방 집은 마루 크기가 북부 지방과 남부 지방 집의 중간 정도입니다. 그리고 중부 지방 집은 'ㄱ'자로 되어 있어서 다른 지방 집과 모양이 좀 다릅니다.
남자 : 중부 지방 집을 보고 싶은데 어느 쪽에 있어요?
여자(민속촌 안내) : 여기 지도에서 보시면 가운데에 한 채 있고, 죽 들어가시면 제일 끝 쪽에 한 채 더 있습니다.
남자 : 네, 고맙습니다.

03

08 19 남자 : 여러분 안녕하십니까? 저는 한국대학교 중앙박물관 홍보과장 박지원입니다. 우리 한국대학교 중앙박물관은 한국 최조의 대학 박물관입니다.우리 박물관에 대해 간단하게 소개해 드리겠습니다. 한국 대학교 중앙박물관은 1918년에 전시를 시작했습니다. 그 때는 박물관 건물이 따로 없었기 때문에 도서관에 있는 방을 전시실로 사용했습니다. 1988년 5월에 여기에 건물을 짓고 새로 박물관 문을 열었습니다. 1층부터 3층까지 6개의 전시실이 있고 박물관 오른쪽에는 야외 전시장이 있습니다. 박물관 전시실에는 5천년 전부터 1900년대 초까지의 여러 가지 유물과 미술품이 전시되어 있습니다. 야외 전시장에는 1900년대 초의 자동차와 기차가 전시되어 있습니다.
우리 박물관 입장료는 무료입니다. 관람 시간은 오전 10시부터 오후 5시까지이고 토요일과 일요일, 그리고 방학 동안에는 문을 닫습니다.
그럼 여러분, 1층부터 3층까지 자유롭게 관람하십시오. 감사합니다.

제9과 취미

01 활동적인 취미 생활을 해 보고 싶어요

01

09 01 1. 남자 : 미선아, 요즘도 학원 다니면서 그림 그리고 있니?
여자 : 아니, 실력이 늘지 않는 것 같아서 그만 두었어. 요즘은 전통무용을 배우고 있는데 참 재미있어. 나하고 잘 맞는 것 같아.
남자 : 너는 전에 피아노랑 태권도도 재미있다고 했지만 한 달도 안 돼서 그만 두었던 것 같은데…….

09 02 2. 여자 : 민철아, 이 책을 다 살 거야? 이 많은 걸 언제 다 읽으려고?
남자 : 다음 주면 방학이니까 방학 내내 하루 종일 책만 읽을 거야.
여자 : 너 참 대단하다. 난 책 한 권 읽으려면 일주일은 걸리는데.
남자 : 난 재미있는 건 밤 새워서 하루에도 다 읽어. 이번 방학에는 30권을 읽는 게 내 목표야.

09 03 3. 여자 : 웨이 씨, 시험 잘 봤어요? 피곤해 보이는데 어제 공부 많이 했나 봐요.
남자 : 아니에요. 며칠 동안 계속 밤늦게까지 영화를 봐서 그래요.
여자 : 웨이 씨는 영화를 정말 좋아하는군요.
남자 : 네. 전 아무리 시간이 없거나 피곤해도 하루에 영화를 한 편 이상 꼭 봐요.
여자 : 취미 생활도 좋지만 그러다가 건강도 안 좋아지고 학교생활도 힘들겠어요.

02

09 04 1. 남자 : 밍밍 씨, 수업이 없는 날에는 뭘 해요?

여자 : 평소에는 그냥 방에서 음악을 듣거나 드라마를 봐요.
남자 : 밖에서 활동하는 것보다 집에 있는 걸 좋아하나 봐요.
여자 : 그런 것은 아니지만 음악 듣는 걸 좋아해요. 그리고 그것 말고는 할 줄 아는 취미가 별로 없어요.
남자 : 음악 감상도 좋지요. 그런데, 운동은 어때요?
여자 : 저는 워낙 운동에는 소질이 없어서요. 사실 저도 활동적인 취미 생활도 해 보고 싶은데, 뭘 해야 할지 잘 모르겠어요.
남자 : 그럼 시간 되면 내일 저랑 공원에 테니스 치러 갈래요? 재미있을 거예요.
여자 : 그럼 한 번 해 볼까요? 좋아요, 내일 같이 가요.

09 05 2. 남자 : 리에 씨, 요즘 기분이 좋아 보여요. 무슨 일이 있어요?
여자 : 얼마 전에 동아리에 가입했는데 아주 재미있어요.
남자 : 무슨 동아리인데요?
여자 : 맛있는 음식을 찾아다니는 모임이에요. 그래서 이름이 '맛찾사'예요. 회원도 아주 많아요.
남자 : '맛찾사'요? 주로 뭘 하는데요?
여자 : 1주일에 한 번씩 여러 대학교 주변의 유명한 음식점을 찾아다니며 먹어요. 우리 회원들은 전국에 있는 대학교 학생들인데 서로 학교 캠퍼스 구경도 하고 학교에 대해서 서로 정보를 주고받을 수 있어서 더 좋아요.
남자 : 그래요? 재미있겠는데요.
여자 : 웨이 씨도 우리 동아리에 들어올래요? 인터넷 주소를 알려 줄 테니까 홈페이지에 들어와서 신청하세요.
남자 : 네. 그럴게요. 재미있을 것 같아요.

09 06 3. 남자 : 미선 씨, 오늘 볼링 치러 오기를 잘 했지요?
여자 : 네. 시험하고 보고서 때문에 힘들었는데 그 스트레스가 다 풀리는 것 같아요. 민우 씨 따라오기를 잘했어요.
남자 : 그런데 미선 씨는 전에 보니까 배드민턴도 잘 치던데 볼링도 선수 같이 잘하네요. 운동을 정말 잘 하는 것 같아요.
여자 : 운동을 다 잘 하는 건 아니에요. 하지만 좋아하는 운동은 빨리 배워요. 그리고 운동을 시작할 때 기초부터 잘 배우려고 노력하는 편이고요.
남자 : 그렇군요. 저는 그냥 친구들하고 다니면서 재미로 즐기거든요. 그래서 방법이나 정확한 동작을 배운 적이 없어요.
여자 : 하지만 민우 씨도 정말 잘 치는데요. 뭘.
남자 : 잘 치기는요. 그럼 우리 내기 한 번 할까요? 지는 사람이 음료수 사는 거예요.
여자 : 좋아요. 그럼 제 진짜 실력을 보여 드리지요.

09 07 4. 여자 1(강사) : 어떠세요, 미선 씨? 요즘도 요가가 힘들어요?
여자 2 : 아니요. 선생님 말씀대로 무리하지 않고 편안한 마음으로 하니까 별로 힘들지 않아요.
여자 1(강사) : 좋아요. 어떤 사람들은 요가를 처음 시작할 때부터 살 빼야지 허리 아픈 거 고쳐야지 하면서 급한 마음으로 하는데, 그러다가 다칠 수도 있고 운동하는 게 힘들어질 수도 있어요.
여자 2 : 그렇군요. 그런데요, 선생님. 저는 아직도 이 자세가 잘 안 돼요.
여자 1(강사) : 아 그 자세요? 먼저 앉았다가 무릎을 세우고 다리를 벌리세요. 그리고 천천히 허리를 펴고 고개와 몸을 뒤로 하세요. 이 동작을 많이 하면 어깨와 가슴이 예뻐지고 장이 튼튼해져서 소화도 잘 될 거예요.

여자 2 : 이렇게요?

여자 1(강사) : 네. 좋아요. 손은 이렇게 하고 다리는 이렇게 하고요. 세 번 더 해 보세요.

09 08 5. 남자 : 밍밍 씨, 내일 저녁에 시간 있으면 피아노 연주회 갈래요?

여자 : 누구 연주회인데요?

남자 : 피아노를 전공하는 제 친구 연주회인데요, 저한테 초대권을 두 장 줬어요.

여자 : 그래요? 좋아요. 저도 피아노 치는 걸 좋아해서 연주회에 가끔 가거든요. 영수 씨도 피아노 치는 걸 좋아해요?

남자 : 네. 저는 다섯 살 때부터 피아노를 배웠어요. 어릴 때 꿈은 피아니스트였는데 대학 전공은 다른 것을 선택해서 지금은 취미로 치고 있어요.

여자 : 와, 멋있네요. 언제 영수 씨가 피아노 치는 모습을 한번 보고 싶어요.

남자 : 요즘은 학교 공부 때문에 시간이 없어서 자주 못 쳐요. 하지만 다음에 기회가 있으면 밍밍 씨를 위해 한 곡 쳐 드릴게요.

여자 : 고마워요. 기대할게요.

남자 : 네. 그럼 내일 전화할게요.

03

09 09 남자 : 안녕하세요, 여러분. 이렇게 참석해 주셔서 감사합니다. '아름다운 세상'의 회장 김영민입니다. 우리 동아리는 대학 연합 봉사 활동 모임으로 처음에는 몇몇 사람의 취미에서 시작해 이제는 주변의 어려운 이웃을 돕는 봉사 모임으로 자리 잡았습니다. 그 동안 우리는 한 달에 한 번씩 도움이 필요한 곳에 찾아가 그분들을 도와드렸습니다. 그런데 지난달까지 우리 홈페이지에 도움을 요청한 분들이 많아져서 앞으로는 2주에 한 번씩 봉사 활동을 하려고 합니다. 여러분의 생각은 어떤지 말씀해 주시기 바랍니다.

여자1 : 좋은 생각이에요. 어려운 분들이 계시면 어떻게든지 도와드려야지요. 오늘 우리가 도와드리러 가는 곳은 어디인가요?

남자 : 대학교 근처의 혼자 사시는 노인들을 찾아뵈려고 합니다. 몸도 많이 불편하시고 경제적으로도 어려워서 생활하기가 힘든 분들이 많다고 합니다.

여자2 : 저희가 가서 무슨 일을 해야 하나요?

남자 : 우선 집 곳곳을 청소하고, 식사도 준비해 드리고, 목욕도 시켜 드리려고 합니다. 그리고 할머니 할아버지와 대화도 해 드리면 좋겠지요. 자, 그럼 팀을 나누어야 하는데 하고 싶은 일을 말씀해 주세요.

여자1 : 그럼 저는 식사 준비를 할게요. 전 할머니가 계시기 때문에 평소 노인들께서 좋아하시는 음식을 잘 알고 있어서 자주 요리를 해 드리고 있거든요.

남자 : 네. 좋습니다. 김미선 씨는 요리 팀에서 해 주세요. 그럼 다른 분들은 어떤 일을 하시겠습니까?

02 운동도 할 수 있는 여가 활동이 유행이에요

01

09 11 1. 남자 : 밍밍 씨, 여기서 뭐 하세요?

여자 : 1시간 동안 수업이 비어서 잠시 음악을 들으면서 쉬고 있어요.

남자 : 밍밍 씨는 음악을 좋아하나 봐요. 길을 걸어갈 때도 항상 음악을 들으면서 다니는 것 같아요.

여자 : 네. 음악을 들으면 스트레스도 풀리고 마음도 편해져요.

09 12 2. 여자 : 학교 축제가 아주 재미있네요. 그런데, 저 두 사람은 뭘 하고 있는 거예요?

남자 : 음. 씨름을 하고 있네요. 옛날에 여가 시간이나 명절 때 많이 하던 전통놀이예요.
여자 : 그래요? 재미있어 보이는데 어떻게 하는 거예요?
남자 : 두 사람이 앉아 있다가 서로를 잡고 일어서서 상대방을 먼저 넘어지게 하면 이기는 거예요.

09 13 3. 여자 : 영수야, 주말에 뭐 했어?
남자 : 한강에서 윈드서핑을 했어. 날씨도 좋고 물이 잔잔해서 서핑하기에 아주 좋았어.
여자 : 재미있었겠다. 그런데 어렵거나 위험하지 않아?
남자 : 응, 위험하지 않아. 배우는 데 시간도 오래 걸리지 않고. 나도 배운 지 일주일밖에 안 됐는데 어렵지 않게 할 수 있거든. 너도 배워 봐.

02

09 14 1. 남자 : 미선 씨, 한국 사람들은 어떤 여가 활동을 많이 해요?
여자 : 글쎄요. 신문을 보니까 등산을 제일 많이 한다고 해요.
남자 : 그렇군요. 한국에는 등산하기 좋은 산이 많아서 그런가 봐요.
여자 : 네. 그리고 올라가기 쉬운 산이 많아서 가족들이 함께 쉽게 등산을 할 수 있어요.
남자 : 미선 씨도 이번 연휴에 등산 가실 거예요?
여자 : 아니요. 친구들하고 학교 여기저기에서 사진도 찍고 꽃구경도 하기로 했어요. 제임스 씨도 같이 갈래요?
남자 : 고맙지만 저는 그냥 집에서 독서도 하고 텔레비전이나 보려고 해요. 오랜만에 푹 쉬고 싶네요.
여자 : 그래요 그럼. 나중에 같이 가요.
남자 : 네. 좋은 시간 보내고 오세요.

09 15 2. 남자 : 미선아, 우리 이번 방학 때 친구들하고 래프팅 하러 갈래?
여자 : 래프팅? 래프팅이 뭔데?
남자 : 고무보트를 타고 계곡 물을 따라 내려오는 건데, 아주 신나고 재미있어.
여자 : 그래? 그런데 위험하지 않아? 난 수영을 잘 못하는데.
남자 : 괜찮아. 나도 지난 방학 때 한 번 해 봤는데, 초보자들도 쉽게 할 수 있어. 구명조끼도 입고, 가르쳐 주는 사람도 같이 타니까 안전해.
여자 : 그렇구나. 다른 친구들도 방학 때 윈드서핑이나 수상스키 같은 걸 많이 한다고 하던데, 요즘 그런 스포츠가 인기가 있나 봐.
남자 : 응. 한가한 시간을 즐기면서 운동도 할 수 있는 여가 활동이 요즘 유행인 것 같아.
여자 : 좋아. 나도 한 번 해 보고 싶어. 언제 갈 거야?
남자 : 1박 2일 정도가 좋을 것 같은데 같이 알아보자.

09 16 3. 남자 : 리에 씨, 여기 그림들 좀 보세요. 옛날 사람들이 여가 시간을 보내고 있는 모습이에요.
여자 : 모두 편한 모습으로 즐기고 있네요. 그런데 양반하고 평민이 즐기던 여가 활동이 좀 달랐나 봐요.
남자 : 맞아요. 여기 이 그림은 양반들이 글씨를 쓰거나 그림을 그리면서 시간을 보내고 있는 모습이에요.
여자 : 그렇군요. 그런데 그 옆에 있는 그림은 뭘 하고 있는 거예요?
남자 : 평민들이 씨름을 하고 있는 거예요. 씨름을 하는 두 사람의 얼굴 표정이 참 재미있지요? 그 옆에서는 여자들이 그네뛰기를 하고 있어요.
여자 : 정말 옛날 사람들은 성별이나 신분에 따라 즐기던 여가 활동이 달랐군요.
남자 : 네. 요즘 사람들은 그런 것에 상관없이 가족이나 친구끼리 같이 즐기는데 말이에요.

여자 : 맞아요. 저도 취미가 맞는 사람끼리 편하게 어울려 즐기는 게 더 좋아요.

09 17

4. 남자 : 리에 씨, 일본 사람들은 게임이나 만화를 좋아하는 것 같아요.
여자 : 네. 지금은 시간이 없어서 많이 즐기지 못하지만, 저도 일본에 있을 때는 만화도 많이 보고, 가족들하고 같이 게임을 많이 했어요.
남자 : 부모님하고도 게임을 같이 했어요?
여자 : 네. 가족들하고 같이 하면 더 재미있어요. 민우 씨는 여가 시간에 뭘 해요?
남자 : 저는 특별히 하는 것은 없어요. 피곤할 때 음악을 듣는 정도예요.
여자 : 음악을 듣는 것도 좋지요. 잠시라도 일이나 공부에서 벗어나 생활을 즐기는 것은 꼭 필요해요.
남자 : 리에 씨 말을 들으니까 저도 재미있는 취미 활동을 하나 시작해야겠다는 생각이 들어요.
여자 : 그러세요. 저는 일이나 공부만큼 여가시간도 중요하다고 생각해요.

09 18

5. 남자 : 미선아, 수업이 없는 날이나 방학 때는 보통 뭐 해?
여자 : 글쎄. 특별한 건 없어. 그냥 집에 있거나 가끔 친구 만나서 쇼핑하거나 해.
남자 : 그래? 쉬는 것도 좋지만 뭔가 재미있는 걸 해 보지 그래?
여자 : 난 뭐 특별히 할 줄 아는 것도 없고 어디에서 뭘 해야 할지 모르겠어. 배우려면 비용도 많이 들 것 같고.
남자 : 혹시 찾아보면 근처에서 쉽고 싸게 할 수 있는 일이 있을지도 몰라. 뭐 배우고 싶은 건 없어?
여자 : 음……. 재즈댄스나 스포츠댄스를 배울 수 있는 곳이 근처에 있으면 좋겠는데 그런 곳은 시내에 나가야 하고 비용도 비싸서 못하겠어.
남자 : 그런 여가 시설이 주변에 좀 더 많고 비용도 좀 쌌으면 좋겠어.
여자 : 아니면 학교에 여가 활동을 즐길 수 있는 시설이 있으면 더 좋겠고.
남자 : 글쎄 말이야. 그럼 우리 인터넷으로 한번 알아보자. 잘 찾아보면 우리가 이용할 만한 곳이 있을 거야.

03

09 19

남자 : 리에야, 이제 곧 방학인데 뭐 특별한 계획이라도 있어?
여자 : 음…….뭐 아직 계획한 건 아니지만 여유 있게 쉬면서 보내고 싶어. 넌 어때? 운동을 좋아하니까 방학 내내 마음껏 운동을 하겠구나.
남자 : 응. 바다에서 하는 신나는 운동을 해 보려고 해. 작년에도 수상스키, 모터보트 타기도 하고 배 타고 낚시도 해 봤어. 그리고 팥빙수 빨리 먹기 대회에도 참가해 봤는데 정말 재미있었어. 리에 너도 같이 가 보자.
여자 : 그래? 나는 운동보다는 푹 쉬거나 재미있게 놀고 싶은데. 찜질방이나 놀이공원 같은 곳도 재미있는데, 한번 가 보지 않을래?
남자 : 찜질방은 한 번도 안 가 봤는데 너무 지루하지 않니?
여자 : 나는 하루 종일 찜질방에 있어도 지루하지 않아. 사우나만 하는 게 아니고, DVD방에서 영화도 보고, 책 대여실에서 책도 보면서 편하게 시간을 보낼 수 있어. 참, 수영장하고 헬스장도 있고, 요가하고 체조 강습도 있으니까 가서 운동도 할 수 있어.
남자 : 그래? 뭐 하루를 여유 있게 보내기에는 괜찮을 수도 있겠네.
여자 : 그리고 난 놀이공원 가는 것도 좋아하는데…….
남자 : 놀이공원은 너무 많이 가 봐서 재미가 없어.
여자 : 놀이공원에서 놀이기구만 타는 건 아니야. 이 근처 놀이공원에는 식물원하고 동물원도 있고 자전거도 탈 수 있어. 2인용이나 다인용 자전거를 타고 놀이공원을 구경하면 얼마나 재미있

는데. 그리고 겨울엔 눈썰매, 여름엔 물썰매를 탈 수 있는 썰매장도 아주 인기가 많아. 이번에 한 번 가 보자. 응?

제10과 문화생활

01 잠시 후 공연이 시작되겠습니다

01

10 01 1. 여자 : 어서 오세요, 손님
남자 : 2시 30분 '우주 전쟁' 표 두 장 주세요.
여자 : 네. 좌석은 어디로 하시겠습니까? 화면을 보시고 골라 주세요.
남자 : D20, D21번으로 주세요.
여자 : 알겠습니다. 2시 30분 영화 두 분이시고, 16,000원입니다.

10 02 2. 저희 뮤지컬 '고양이들'을 찾아주신 고객 여러분께 감사드리며 몇 가지 안내 말씀 드리겠습니다. 저희 공연장 안에는 음식물을 가지고 들어오실 수 없습니다. 또한 뮤지컬의 특성상 휴대전화의 벨소리나 진동이 공연에 방해가 될 수 있으니 휴대전화는 반드시 꺼 주시기 바랍니다. 그리고 공연 중 사진 촬영은 할 수 없으며 사진은 공연이 끝난 후 지정된 장소에서 찍으실 수 있습니다. 잠시 후 공연이 시작되겠습니다. 즐겁게 관람하시길 바랍니다. 감사합니다.

10 03 3. 남자 : 밍밍 씨, 뮤지컬 초대권이 생겼는데 이번 주말에 시간 있으면 같이 갈래요?
여자 : 어떤 뮤지컬인데요?
남자 : '춘향이의 꿈'이에요. 한국의 전통 소설 '춘향전' 아시죠?
여자 : 들은 적은 있지만 내용은 자세히 몰라요.
남자 : 춘향이와 이몽룡이라는 사람의 사랑 이야기인데 재미있을 거예요.

02

10 04 1. 남자 : 미선 씨, 제가 한국에 와서 아직 한 번도 영화를 보지 못했는데, 볼 만한 영화가 있으면 추천 좀 해 주세요.
여자 : 어떤 영화를 좋아하는데요? 신나는 액션 영화를 좋아해요?
남자 : 액션도 괜찮고, 재미있는 코미디도 괜찮아요. 그런데 가능하면 한국의 전통을 배우고 느낄 수 있으면 더 좋겠어요.
여자 : 그럼 요즘 인기 있는 '심청 이야기'가 어떨까요? '심청'은 한국의 유명한 옛날이야기에 나오는 효녀 이름인데, 전통적인 이야기를 조금 바꿔서 요즘 유행하는 비보이나 힙합 춤도 보여 준대요. 젊은 사람들도 좋아한다고 해요.
남자 : 재미있겠네요. 그런데 제가 내용을 잘 이해할 수 있을까요?
여자 : 화면에 영어 자막이 나오니까 괜찮을 거예요.
남자 : 그래요? 그럼 이번 주말에 한 번 보러 가야겠어요. 알려 줘서 고마워요.

10 05 2. 남자 : 밍밍아, 우리 시험도 끝났는데 저녁에 음악회에 갈래?
여자 : 음악회? 예매도 안 했는데 볼 수 있을까? 그리고 음악회는 좀 비싸지 않아?
남자 : 음……. 찾아보면 무료 공연도 있고 요즘 날씨가 좋아서 야외에서 하는 공연도 많이 있을 거야.
여자 : 그래 좋아. 그럼 지금 인터넷으로 찾아보자.
남자 : 어, 서울박물관 야외무대에서 '해피 클래식'이라는 음악회를 하네. 저녁 7시부터 시작이야. 이거 어때?

여자 : 괜찮을 것 같아. 유명한 지휘자가 나와서 음악에 대한 설명도 해 준다고 하고 출연하는 사람들도 모두 유명한 음악가들이야.

남자 : 게다가 관람료가 천 원밖에 안 해.

여자 : 우와, 정말 좋은데. 오늘만이 아니라 매월 1일마다 한 번씩 다른 내용으로 이루어진다고 하니까 다음엔 친구들하고 같이 보러 가자.

10 06

3. 세계 뮤지컬 축제에서 항상 매진을 기록하며 1위를 차지한 뮤지컬 '점프', 추석 연휴에 뮤지컬 '점프'가 오는 21일 서울회관에서 공연됩니다. 모두가 무술을 하는 무술 가족의 집에 도둑이 들면서 벌어지는 상황을 재미있게 그린 뮤지컬 점프. 멋지고 신나는 태권도와 여러 무술을 보실 수 있습니다. 남녀노소 누구나 즐길 수 있는 뮤지컬 점프의 입장권 예매는 서울회관 홈페이지나 전화 1577-9999로 하시면 됩니다. 이 공연은 한강은행과 함께 합니다.

10 07

4. 남자 : 미선 씨, 혹시 저 포스터 속의 사람이 누군지 알아요?

여자 : 어떤 사람이요? 저 피아니스트요?

남자 : 아니요. 그 옆의 기타 치는 사람이요. 제가 아주 좋아하는 유명한 기타리스트예요. 프랑스 사람인데 열한 살 때부터 혼자 기타를 배우기 시작해서 열아홉 살 때 기타리스트로 전 세계에 유명해진 사람이에요. 저 사람의 기타소리는 정말 부드럽고 아름다워요.

여자 : 저 사람에 대해 잘 알고 있네요. 저는 음악에 대해서는 별로 아는 게 없는데요.

남자 : 저도 다른 것은 잘 모르는데, 어렸을 때 저 사람과 같은 기타리스트가 되는 게 꿈이었거든요. 꼭 한 번 만나보고 싶었는데 이번에 처음 한국에 와서 공연을 한다고 하니 안 갈 수가 없네요.

10 08

5. 여자 : 웨이 씨, 뭐 하고 있어요?

남자 : 학교 신문 광고를 보고 있어요. '한여름 밤의 꿈'이란 연극에 대한 거예요. 20년 전부터 학교 극장에서 정기 공연을 해 오고 있는데, 이번이 21번째 공연이래요.

여자 : 와, 20년 전부터요? 정말 대단하네요. 어떤 내용인데요?

남자 : 셰익스피어 원작으로 만든 연극인데 아주 아름다운 사랑 이야기예요. 그런데 이번 연극은 20년 전에 공연했던 배우들이 함께 공연을 한다고 해요. 그래서 우리 학교를 졸업한 유명한 연극배우들이 많이 올 거래요.

여자 : 그래요? 한 번 보고 싶네요. 어디에서 하는데요?

남자 : 다음 달 5일부터 학생회관 2층에 있는 극장에서 해요. 인기가 많아서 일반인들도 많이 오니까 꼭 미리 예매해야 할 거예요. 여기에 이렇게 적혀 있어요. 이 연극을 보면 사랑이 이루어진다고요.

여자 : 그래요? 꼭 보러 가야겠네요. 고마워요.

03

10 09

여자 : 안녕하십니까, 오페라하우스입니다.

남자 : 저, 지금 공연하고 있는 오페라 '카르멘'에 대해서 문의 좀 드리려고 하는데요. 러시아 오페라발레단 팀이 공연을 한다고 하는데 어느 나라 말로 공연을 합니까?

여자 : 러시아 팀이 공연을 하지만 모든 노래는 프랑스어로 되어 있고, 한글 자막으로 노래 내용을 보여 드립니다.

남자 : 그렇군요. 공연 시간은 어떻게 되고, 몇 시간 정도 공연하나요?

여자 : 평일에는 4시, 주말에는 5시에 공연이 있고, 3시간 30분 정도 공연합니다.

남자 : 그런데 관람료는 얼마입니까? 할인도 돼요?

여자 : 관람료는 5만 원부터 25만 원까지 좌석에 따라 다릅니다. 일찍 예매하시는 분께 15% 특별

할인을 해 드리고 있습니다. 더 자세한 내용은 홈페이지를 보시면 나와 있으니까 참고하시면 됩니다.

남자 : 네, 알겠습니다. 감사합니다.

02 그 장면이 아주 인상적이었어요

01

10 11

1. 남자 : 어땠어요, 밍밍 씨?
여자 : 정말 좋았어요. 3시간이나 되는 시간이 어떻게 지나갔는지 모를 정도로 아주 재미있었어요.
남자 : 저도 그래요. 배우들의 연기도 아주 훌륭했고, 화려한 무대도 아주 아름다웠어요.
여자 : 저는 특히 남자 주인공의 춤과 노래가 정말 마음에 들었어요.

10 12

2. 여자 : 나 어제 연극 '백설 공주를 사랑한 난장이'를 봤는데 정말 재미있었어.
남자 : 그래? 뭐가 그렇게 좋았는데?
여자 : 내용도 좋고 연기도 좋았어. 그런데 그 중에서 나는 아름다운 대사가 기억에 남아. '바람을 지나 호수를 지나 숲에 오신 백설 공주님을 진심으로 사랑합니다. 사랑합니다.'라는 대사가 아직도 생각 나.
남자 : 우와, 대사까지 외우다니 대단하구나.

10 13

3. 남자 : 이 영화를 보고 나니까 쌓인 스트레스가 다 날아가 버린 것 같다.
여자 : 나도 그래. 남자 주인공 김동건이 이렇게 잘 싸우는 줄 몰랐어.
남자 : 이 영화를 위해서 6개월 동안 운동도 하고 훈련도 받았대.
여자 : 그랬구나. 전에 사랑 이야기나 슬픈 영화를 많이 찍어서 부드러운 인상이 강했는데 이런 영화에도 잘 어울리는 것 같아.

02

10 14

1. 남자(교수) : 자, 여러분. 지난 주말에 보고 온 국악뮤지컬 '춘향' 어땠습니까? 어렵지는 않았어요?
여자1(학생) : 공연을 보기 전에 수업 때 미리 고전소설 '춘향전'을 공부하고 가서 내용을 이해하기가 쉬웠어요.
남자(교수) : 이번에 본 공연은 원작의 내용을 기본으로 했지만 상당히 많은 부분을 현대적으로 바꾸어서 보여 주었지요. 특히 어느 부분이 좋았어요?
여자2(학생) : 2막에서 한국의 전통 춤과 비보이 춤을 함께 추는 장면이 아주 인상적이었고 정말 신났어요.
남자(교수) : 요즘엔 전통 문화와 전통 공연을 그대로 보여주는 것도 많지만, 전통과 현대를 조화시킨 공연이 새로운 유행입니다. 그런 것에 대해서는 어떻게 생각해요?
여자1(학생) : 저는 그런 현상이 좋다고 생각합니다. 젊은 사람들이 관심과 흥미를 가져야 전통도 유지될 수 있으니까 다양한 방법으로 전통을 현대화하려는 노력이 필요하다고 생각합니다.
남자(교수) : 좋습니다. 그럼 다음 주까지 공연을 본 소감을 써서 제출하기 바랍니다.

10 15

2. 남자 : 야, 이 연극 누가 보자고 했어? 정말 돈이 아깝다.
여자 : 지난주에 보고 온 민철이가 재미있으니까 꼭 보라고 했어. 그런데 정말 내가 지금까지 본 연극 중에 제일 재미없었어.
남자 : 어쩌면 그렇게 배우들이 연기를 못 하냐? 특히 여자 주인공은 목소리가 너무 작아서 들리지도 않고, 대사도 세 번이나 잊어버리고.
여자 : 기대가 크면 실망도 크다고 하지만 이건 정말 심했어. 남자 주인공은 요즘 영화에도 많이 출

모범 답안

제1과 01. 신입생 여러분을 환영합니다

■ 어휘연습

행사: 오리엔테이션, 입학식, 졸업식
모임: 수련회, 환송회, 환영회
학생: 신입생, 재학생, 졸업생, 편입생
졸업: 졸업생, 졸업식, 환송회
입학: 신입생, 오리엔테이션, 입학식, 환영회

■ 들어 봅시다

[01] 1. ❸ 2. ❷ 3. ❸

[02]

1. (1) 오늘 오후 6시 (2) ❶ × ❷ ○ ❸ × ❹ ×
2. (1) 다음 주에 고향인 중국에 가야 하기 때문에 (2) ❹
3. (1) ㉯ 도서관 ㉰ 종합관 ㉱ 학생회관
(2) ❶ ④ ❷ ① ❸ ②, ⑤ ❹ ③, ⑥
4. (1) ❶

(2)

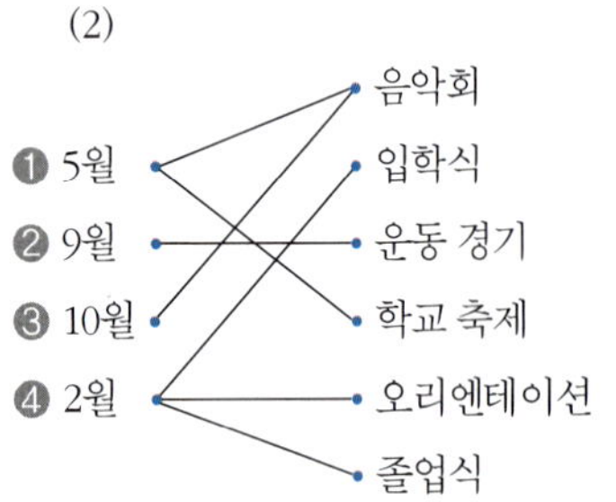

5. (1) ❷ (2) ❹

[03]

(1) **한국어 시험**
날짜: 2 월 21 일 9 시 장소: 대강당

수강 신청
날짜: 2 월 20 일까지 신청: 학교 홈페이지

버디 프로그램 신청
날짜: 2 월 15 일까지 신청: 문과대 사무실

(2) ❷

제1과 02. 대학 강의 듣기가 어때요?

■ 어휘연습

■ 들어 봅시다

[01] 1. ❶ 2. ❸ 4. ❹

[02]

1. (1) ❶ (2) ❹
2. (1) ❹ (2) ❸
3. (1) ❹ (2) ❶, ❸, ❺
4. (1) ❶ (2) ❶
5. (1) ❶ (2) ❸

[03] (1)

조사 내용	남자	여자
단어를 외우는 방법	❶, ❷, ❹	❸
단어를 정확하게 쓰는 방법	❻	❺

제2과 01. 어떤 옷을 찾으세요?

■ 어휘연습

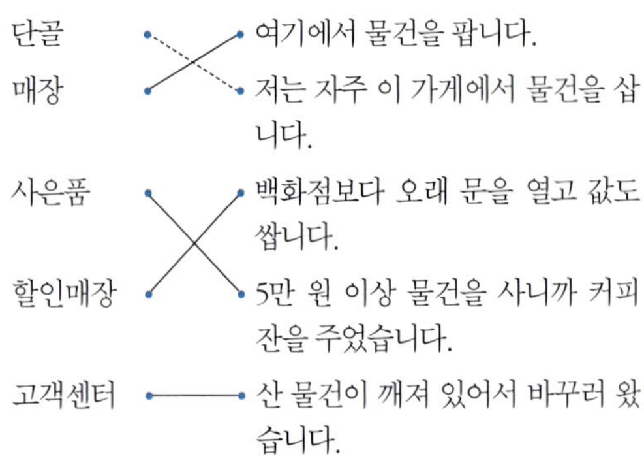

■ 들어 봅시다

[01]

1. ❹ 2. ❹ 3. ❸

[02]

1. (1) 6,000원 (2) ❶ × ❷ × ❸ × ❹ ○
2. (1) 사과 (2) ❹
3. (1)❸ (2) ❷
4. (1) ❶, ❸ (2) ❶ ○ ❷ × ❸ ×
5. (1) 고객센터, 영수증
(2) ❶× ❷ × ❸ ○ ❹ ○

[03]

층	매장 이름	행사 내용
3층	스포츠 매장	**스포츠 의류와 운동기구를 할인 판매함.**
2층	**숙녀복 매장**	작년 **여름 상품** 을/를 반값으로 할인
1층	**화장품 매장**	**메이크업 전문가가 무료로 화장을 해 줌.**
지하 1층	스포츠 매장	채소와 과일을 하나 사면 하나 더 주는 행사

※ 백화점 문 닫는 시간: 9 시

제2과 02. 받으실 분의 주소를 말씀해 주시겠어요?

■ 어휘연습

홈쇼핑, 배달하다, 인터넷쇼핑, 택배, 주문하다

■ 들어 봅시다

[01]

1. ❹
2. ❹
3. 잡채밥, 탕수육, 음료수

[02]

1. (1) ❷ (2) ❸
2. (1) ❶ (2) ❶
3. (1) 270mm (2) ❶× ❷× ❸○
4. (1) ❷ (2) ❹
5. (1)자전거 (2) ❶× ❷○ ❸× ❹×

[3] (나)-(가)-(다)

제3과 01. 노트북을 빌리고 싶은데 어떻게 하면 됩니까?

■ 어휘연습

(1) (게시판) (2) (응시료)는 (3) (신청서)를,
(4) (안내문)을 (5) (접수)는

■ 들어 봅시다

[01]

1. ❶, ❹ 2. ❸ 3. ❹

[02]

1. (1) 아르바이트를 하고 싶어서 (2) ❹
2. (1) 빨래, 다림질 (2) ❶× ❷○ ❸○ ❹○
3. (1)❹ (2) ❶× ❷○ ❸×
4. (1) 교실을 바꾸고 싶어서 (2) ❶× ❷○ ❸×
5. (1) 여학생 휴게실을 만들어 달라고 부탁하려고,

(2) ❷

[03]

(1) ❶○ ❷× ❸×

(2) 한국어능력시험

- 응시 자격: 한국어 공부를 하고 있는 모든 외국인
- 시험 응시료: **40,000** 원
- 시험 접수 방법 : **홈페이지에서 접수**
- 시험 접수 기간 : **6월 30일** 부터 7월 14일 까지
- **성적표** : 시험이 끝난 후 집으로 보내 드립니다.

제3과 02. 음악 소리 좀 작게 해 줘

■ 어휘연습

■ 들어 봅시다

[01]

1. ❶ 2. ❹ 3. ❶

[02]

1. (1) ❸, (2) ❶× ❷× ❸○ ❹○
2. (1) ❸, (2) ❶○ ❷× ❸○ ❹×
3. (1) ❶, (2) ❷
4. (1) ❸, (2)우유에 이름을 쓸 것입니다.
5. (1) 리에-평일 방청소, 밍밍-쓰레기봉투 사 오기, 토요일 방청소, 쓰레기 버리기.
   (2) ❶×, ❷○, ❸×, ❹○

[03]

1. ❸
2. 기숙사 식당의 좋은 점: 값이 쌉니다, 양이 많습니다. /바뀌었으면 하는 점: 식단 메뉴가 다양해졌으면 좋겠습니다.

제4과 01. 제주도로 엠티를 가기로 했어요.

■ 어휘연습

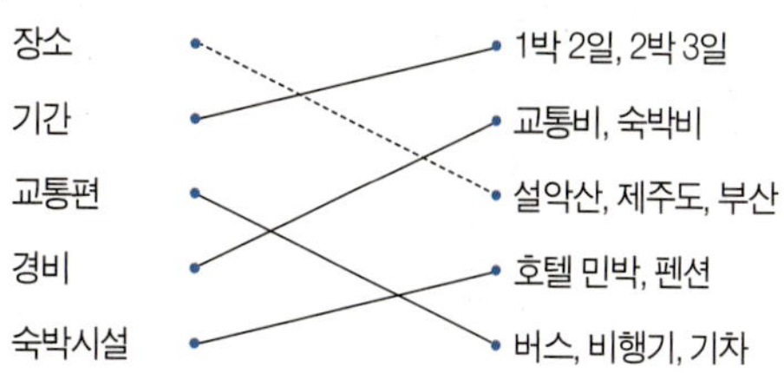

■ 들어 봅시다

[01]

1. ❸ 2. ❸ 3. ❶

[02]

1. (1) ❷ (2) ❶○ ❷× ❸×

2. (1) ❶김포공항에서 비행기로 갈 수 있습니다.
❷ 인천공항에서 배로 갈 수 있습니다.
(2) ❶
3. (1)엠티기간, 엠티 장소 (2) ❶× ❷× ❸○
4. (1) ❶ (2) ❶× ❷○ ❸○
5. (1) 가장 많은 동아리 회원들이 설악산으로 가고 싶어해서
(2) ❷

[03]
(1) 비행기 타기, 식물원과 녹차박물관 구경, 아침 식사, 숙소 출발
(2) 수영복, 여권

제**4**과 02. 엠티 답사를 왔는데요

■ 어휘연습

청소년, 단체	시설 : 숙박 시설, 냉방 시설
관광, 휴가	할인 : 청소년 할인, 단체 할인
숙박, 냉방	-철 : 관광철, 휴가철
입장, 수업	-료 : 입장료, 수업료

■ 들어 봅시다

[01]
1. ❶
2. ❶, ❸
3. ❶, ❷, ❸

[02]
1. (1) 터미널 건너편에서 7번이나 7-1번 시내버스
(2) ❷
2. (1) ❶ (2) ❷
3. (1) ❸ (2) ❶○ ❷× ❸×
4. (1) ❷ (2) ❷
5. (1) ❷ 불국사와 석굴암이 어떤 곳인지 알고 싶어합니다.
❸ 불국사와 석굴암에 어떻게 가는지 알고 싶어합니다.

[03]

	특징	단점
경주	• 시내 전체가 유적지	**• 오락시설이 부족하다.**
	• 조용하다	
	• 대중교통 이용할 수 있다.	**• 바닷가가 없다.**
제주도	**• 한라산 경치가 아름답다.**	**• (비행기와 배로 가야 해서) 비용이 많이 든다.**
	• 좋은 해수욕장이 있다.	
	• 재주도만의 특별한 음식이 있다.	

제**5**과 01. 반납일이 지나면 연체료를 내셔야 합니다

■ 어휘연습

(1) 좌석표 (2) 영화 감상, 어학 공부 (3) 토론
(4) 전공 서적

■ 들어 봅시다

[01]
1. ❶ 2. ❹ 3. 3층, 4층

[02]
1. (1)도서관에 올 시간이 없었습니다. (2) ❶, ❷
2. (1) ❹ (2) ❸, ❹
3. (1) ❹ (2) ❶× ❷○ ❸○ ❹×
4. (1) 조 발표 준비 (2) ❹
5. (1) 잡지 (2) ❶× ❷○ ❸× ❹○

[03]
3, 약 200만, 사회과학열람실, 홈페이지

제**5**과 02. 하루나 이틀이면 도착할 거예요

■ 어휘연습

종류	방법	**나라**	**무게**	걸리는 시간	**요금**
편지	항공편	일본	8g	1-2일	600원
소포	**배편**	브라질	12kg	1-2달	56,000원

■ 들어 봅시다

1. ❹ 2. ❷ 3. ❸

[02]
1.
(1)

우편물	**소포**
보내는 방법	**국제특급**
걸리는 시간	**하루나 이틀**
무게	**3kg**
요금	**22,200원**

(2) ❶× ❷○ ❸○ ❹×

2. (1) ❸ (2) ❷

3. (1) ❸ (2) ❹

4. (1) ❸ (2) ❶× ❷× ❸○ ❹×

5. (1) 택배를 보내려고 합니다. (2) ❸

[03]

가능함, 세금, 잃어버릴 수 있다. 보험, 2000원, 포장

제6과 01. 학교 앞 횡단보도를 건너면 약국이 있어

■ 어휘연습

- 약속한 이유 : **내일 김교수님께 인사를 드리러 가기로 해서**
- 약속 시간 : **4시 30분**
- 약속 장소 : **학교 정문**
- 마리아가 해야 할 일 : **선물 사 오기**
- 바트와 리에가 해야 할 일 : **꽃바구니 사기**

■ 들어 봅시다

[01]

1. ❷ 2. ❷ 3. ❸

[02]

1. (1) ❹ (2) ❹

2. (1)

언제	**6시**
어디에서	**자매갈비**
누구와	**발표자들과 과 선후배들**

(2) ❷

3. (1) ❸ (2) 장학금을 신청하려고

4. (1) 시계 (2) ❶○ ❷× ❸×

5. (1) 다음 주 토요일 (2) ❷

[03]

(1) 6월 19-21일

(2)

언제	준비할 것
여자	**마술 연습**
남자	**아이들하고 같이 할 수 있는 놀이**

제6과 02. 내일 저녁 모임이 취소됐어요

■ 어휘연습

약속을 미루다	일이 안 끝나서 정민이와의 점심 약속을 1시에서 2시로 바꾸었다.
약속이 겹치다	민수 생일파티와 여자 친구와 약속한 시간이 같다.
약속을 지키다	미선이와 만나기로 한 시간에 맞춰 나갔다.
약속을 어기다	영희와의 약속을 깜박 잊고 수진이와 영화를 봤다.

■ 들어 봅시다

[01]

1. ❹ 2. ❸ 3. ❹

[02]

1. (1) ❶ (2) 노래방

2. (1) ❸ (2) ❶○ ❷× ❸× ❹○

3. (1) 최 교수님께서 편찮으셔서 나올 수 없다.
(2) ❹

4. (1) 미선이가 급한 일이 생겨서 대신 왔다. 책을 전해 주려고.
(2) ❷

5. (1) ❸ (2) ❸

[03]

공연 예정 날짜	6월 25일
학생회관 극장 예약 가능한 때	5월이나 7월
학생회관 극장 예약이 불가능한 때	6월
공연이 가능한 다른 장소	대강당

제7과 01. 파마 좀 하려고 하는데요

■ 어휘연습

(1) 드라이클리닝 (2) 염색 (3) 줄였어요
(4) 다듬어 (5) 갈

■ 들어 봅시다

[01]

1. ❶ 2. ❷ 3. ❷

[02]

1. (1) ❸ (2 ❸

2. (1) 좀 다듬는다, 염색 (2) ❹

3. (1) ❸ (2) ❶○ ❷× ❸×

4. (1) ❸ (2) ❶× ❷× ❸○ ❹○

5. (1) ❸ (2) ❸

[03] (1)

가게 이름	하얀 빨래방	
영업 시간	오전 9시~저녁 8시	
세탁비		
	3,000 원	4,000 원
세탁비 지불	맡길 때 내면 된다.	
세탁 시간	하루 ~ 이틀	

(2) 오피스텔 앞 버스정류장에서 마을 버스 11번을 타고 가다가 3번째 정류장에서 내린다. 길을 건너면 왼쪽에 있다.

제7과 02. 카드 분실 신고를 하려고 하는데요

■ 어휘연습

분실물	신청이나 신고를 받는 것
분실신고	잃어버린 물건
접수	잃어버린 물건을 모아 두는 곳
분실물 센터	물건을 맡아서 가지고 있는 것
보관	물건을 잃어버린 것을 알리는 것

■ 들어 봅시다

[01]

1. ❹ 2. ❷ 3. ❹

[02]

1. (1) 카드 분실신고를 한다, 분실물 센터에 간다. (2) ❶× ❷× ❸○
2. (1) ❶ (2) ❷
3. (1) ❸ (2) ❹
4. (1)집안에 가져다 놓는다. (2) ❷
5. (1)여권, 입국이 안 된다. (2) ❶× ❷○ ❸○

[03]

(1)

대사관에 간다.	(4)
경찰서에 간다.	(1)
분실신고를 한다.	(2)
여권 재발급 신청을 한다.	(5)
분실신고 증명서를 받는다.	(3)
2주 정도 후에 여권을 받는다.	(6)

(2) 이름, 주소, 어떻게 잃어버렸는지

제8과 01. 오늘 이 병원에 처음 왔는데요

■ 어휘연습

초진	두번째 이후의 진찰
재진	병에 안 걸리게 하려고 주사를 놓는 것
예방접종	첫번째 진찰
독감	의사가 환자에게 줄 약을 적은종이
처방전	심한감기

■ 들어 봅시다

[01]

1. ❹ 2. ❶ 3. ❷

[02]

1. (1) ❸ (2) ❷
2. (1) 7월 15일 오후 3시 (2) ❶× ❷× ❸○
3. (1) ❸ → ❶ → ❷ (2) ❸
4. (1)

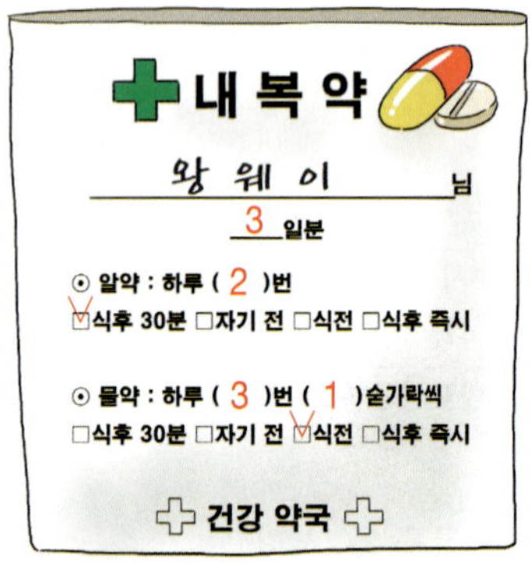

(2) ❶× ❷× ❸○

5. (1) ❷ (2) ❸

[03]

(1)

어디를 다쳤습니까?	발목
어떻게 하다가 다쳤습니까?	축구하다가 넘어짐
어느 과에 갑니까?	정형외과
어떤 진찰을 받겠습니까?	엑스레이 사진 촬영

(2) ❸

제8과 02. 전시물에 대한 설명을 듣고 싶어요

■ 어휘연습

(1) 휴관일 (2) 입장료 (3) 관람시간 (4) 관람객

(5) 음성 안내기

■ 들어 봅시다

[1]

1. ❶ 2. ❸ 3. ❸

[2]

1. (1) ❸ (2) ❶
2. (1) 매표소에서 무료 관람권을 받아가지고 들어간다.
   (2) ❶× ❷× ❸○
3. (1) ❷ (2) ❹
4. (1) ❷ (2) ❶
5. (1) ❸ (2) ❸

[03]

(1)

박물관의 시작	1918년
현재 위치로 이전	(1988)년
전시실	전시실 (6)개 야외 전시장 (1)개
전시 내용	전시실 : **5천년 전부터** 1900년대 초까지의 (유물)와/과 미술품 야외 전시장 : **1900년대 초의 (자동차)와/과 (기차)**
입장료	**무료**
관람시간	**오전 10시~오후 5시**

(2) 토요일, 일요일, 방학

제9과 01. 활동적인 취미생활을 해 보고 싶어요

■ 어휘연습

감상하다, 치다, 두다, 하다

■ 들어 봅시다

[01]

1. ❷ 2. 독서 3. ❹

[02]

1. (1) 테니스(운동) (2) ❶
2. (1) 일주일에 한 번씩 여러 대학교 주변의 유명한 음식점을 찾아다니며 먹는다, 전국의 대학교 캠퍼스 구경도 하고 학교 정보를 주고받는다.
   (2) ❶× ❷× ❸× ❹○
3. (1) 음료수 (2) ❹
4. (1) ❷ (2) ❸
5. (1) ❸ (2) ❹

[03]

모임 이름	**아름다운 세상**
모임에서 주로 하는 일	**주변의 어려운 이웃을 돕는다.**
오늘 모임에서 갈 곳	**대학교 근처의 혼자 사시는 노인들의 집**
오늘 모인 사람들이 할 일	**· 집을 청소해 드린다.** **· 식사를 준비해 드린다.** **· 목욕을 시켜 드린다.** **· 대화를 한다.**

제9과 02. 운동도 할 수 있는 여가 활동이 유행이에요

■ 어휘연습

여가 — 즐기다
휴식 — 취하다
스트레스 — 풀다
건강 — 지키다
인간관계 — 쌓다

■ 들어 봅시다

[1]

1. ❸ 2. ❶ 3. ❹

[2]

1. (1) 등산 (2) ❸
2. (1) ❷ (2) ❶× ❷○ ❸× ❹○
3. (1) ❶
   (2) ❶ 양반의 여가 활동 — 그림 그리기
   ❷ 평민의 여가 활동 — 씨름
   ❸ 여자의 여가 활동 — 그네 뛰기
4. (1) 게임, 만화 (2) ❶
5. (1) ❸ (2) ❶× ❷× ❸× ❹○

[3]

해수욕장-수상스키, 모터보트 타기, 배 타고 낚시하기, 팥빙수 빨리 먹기 대회에 참가하기

찜질방-사우나, DVD방에서 영화보기, 책 대여실에서 책 보기, 수영장, 헬스장 이용하기, 요가하고 체조 강습 받기

놀이공원-식물원, 동물원 구경하기, 자전거 타기, 눈썰매, 물썰매 타기

제**10**과 01. 잠시 후 공연이 시작되겠습니다

■ 어휘연습

상영 시간, 관람 연령, 개봉 날짜, 장르, 감독

■ 들어 봅시다

[01]

1. D20번, D21번, 2시 30분

2. ❸ 3. ❸

[02]

1. (1) ❶ (2)1)○,2)×,3)×,4)×
2. (1) 서울박물관 야외무대, 저녁 7시, 천 원
   (2) ❸
3. (1) ❶ (2) ❶× ❷○ ❸○ ❹×
4. (1) ❶ (2) ❶, ❷
5. (1) ❶, ❸ (2) ❶○ ❷× ❸× ❹×

[03]

프랑스어, 한글 자막, 오페라하우스, 평일에는 4시, 주말에는 5시, 5만 원~25만 원, 일찍 예매하면 15% 할인

제**10**과 02. 그 장면이 아주 인상적이었어요

■ 어휘연습

이색적이다	아버지와 아들이 만나는 장면에서 눈물이 나왔다.
인상적이다	외국 사람이 판소리를 하는 모습이 참 신기했다.
감동적이다	공주의 옷과 액세서리가 정말 아름다웠다.
화려하다	남자 주인공의 눈빛과 대사가 지금도 생각난다.
홍겹다	사물놀이를 보면서 나도 춤을 추고 싶어졌다

[01]

1. ❷ 2. ❶ 3. ❷

[02]

1. (1)공연 소감(공연소감문) (2) ❶
2. (1)민철이가 추천해서 (2) ❸
3. (1) ❷,❹
   (2) 주인공의 사랑이 이루어질지 궁금해서
4. (1) 마술쇼, 태권도, 피아노 연주 (2) ❷
5. (1) 영화를 선택하는 기준
   (2) 여자, 남자, 여자, 남자, 여자의 친구, 남자와 여자

[03]

4월 15일과 4월 22일, 14편, 배우들과 제작진이 전국을 돌며 영화를 홍보했고, 관객들의 입소문 때문에, 개봉할 극장을 찾기가 어렵다